風水謬論辨 上

繼大師 著

《風水謬論辨正》

繼大師著

目錄

自序

繼大師

這些年來，筆者眼見很多風水雜誌、刊物及電子網頁，刊登有關風水的文章、廣告及新聞，其中部份與風水的真實義有所違背，遂於二〇一一年開始，為針對時弊，共撰寫風水文章八篇，為了完成著譯其他風水古籍，故延遲了三年。於甲午年間，再次用上兩個多月的時間，把此書完成，為了加厚篇幅，隨後於二〇一九年又再次撰文。本書命名為：

《風水謬論辨正》

書中有風水上的正見，以古法為主，針對在風水上易出現的弊端，內容有：

巒頭理氣之分派、喝形呼象去點穴、用尋龍尺或用羅庚去點穴、開歪斜之門、陽居風水擺設物、每年流年均要擺換風水、在範圍內改動風水而影響吉凶、學習陰陽二宅風水不可分割、貪堂局而失龍脈地氣、陰陽二宅風水之分別、福人得福地論、九宮地運謬誤、祠堂不可妄自遷徙、著重擇日、方向及方位而忽略風水之巒頭。

大廈設計為取景而立向歪斜及設計古怪尖角謬誤、在室內開羅庚量度大廈座向、降靈及用靈眼看風水、學習風水具備福份及宿緣、寺廟不信風水論、陰墳陽居開兩個水口、陽居或商廈兩單位打通後吉凶易變、皇陵祖墳與一般龍穴造葬祖墳之墓地、造風水依福緣、從書本上學習風水的風水師、時師以風水為職業、學習風水要有師承及風水生基論、用門樓化煞論、間星之謬、鬼靈經之謬、風水與福祿論、論楊公倒杖法、風水替代業力論、網上參學風水論、以祭主日元或八字喜忌擇日相主之謬、蜂腰鶴膝之謬、平洋地有靠山之謬、些子法之謬、好的時運不能再迴轉論、三元羅盤論、穴坐界水論等。

全書共四十二篇文章，內容有真實風水個案故事，亦引用古代風水明師述著古籍為証，如晉、郭璞，唐、楊筠松，清初、蔣大鴻等明師。

當然，所謂正見，別人並非一定認同，唯真知者內心微笑，未知者有待日後了解，此書是給將學風水人士的一個指引，開卷有益，祝福大家在學習風水路上具足真知真見，是為序。

繼大師寫於香港明性洞天

甲午年癸酉月吉日

己亥仲夏改寫

（一）巒頭理氣分派別之謬誤

繼大師

有一些風水門外之教授或師傅，常常說及風水派別時，便謂有「巒頭派」及「理氣派」兩派之分，此言一出，便知這是風水門外漢。首先我們看看什麼是巒頭及理氣。

巒頭之「巒」字，音聯，指連綿的山，重巒疊嶂之意，而山脈上或在大地上有很多尖峰出現，亦可用「峰巒」去描述它，而單指一峰，可用「孤巒」，若指一山丘，可用「丘巒」。

「巒頭」在風水學上是指一切在大地上出現的山，包括所有地物，即是地形、地勢、山峰、山脈、山丘……其中有水流流經，故風水學上之「巒頭」亦包括大地上之水流，故其範圍很廣大。換言之「巒頭」即是山川大地形勢之總稱。

至於理氣，「理」是指風水上的學理，由學理上去推測及接收大自然之磁場－「氣」，此謂之「理氣」，「理」即方法，指用羅庚上三佰六十度中的方位及方向之使用法，無論是任何風水理氣上之派別，均離不開一個三佰六十度之圓週而定吉凶，當穴位之向度定出之後，以羅盤中廿四山向度的五行干支及四隅卦等，去推算出子孫的尅應日期及房份，以巒頭配合理氣去推算後代子孫的吉凶。

以「巒頭」形勢去找出有地氣之地點，然後用週天度數去立向，陽居立出陽宅之屋向，陰墳定出墳碑之方向，定出陰陽二宅之方向後，以此向度去配合宅外四週之山勢，包括山峰、峰巒、山丘、河流、水口等一切地物，使兩者相合，得時運之形勢是吉，失時運之形勢是凶。其中有四個層次，筆者繼大師剖析如下：

（一）得方向方位時運及山川形勢是大吉。
（二）得方向方位時運，而失山川形勢是半吉半凶。
（三）失方向方位時運，而得山川形勢亦是半吉半凶。
（四）失方向方位時運及山川形勢是大凶。

總括而言，巒頭不可離開理氣，理氣更不可離開巒頭，，是風水上的一體功夫，不可分開，凡提倡分出「巒頭派」及「理氣派」的人，即非風水內行人。

清、張心言地師在註解**《地理辨正疏》**（武陵出版有限公司風水系列 112）**〈卷末〉**——**〈叢說〉**365 頁**〈形理總論〉**云：

「不知巒頭者。不可與言理氣。
不知理氣者。不可與言巒頭。
精於巒頭者。其盡頭工夫理氣自合。
精於理氣者。其盡頭工夫巒頭自見。
蓋巒頭之外無理氣。理氣之外無巒頭也。」

此段言明巒頭理氣不能分開而論，兩者之盡頭工夫自見自合，必須得明師真傳，始能領會。

巒頭與理氣，好比音樂理論與演奏樂器，音樂理論是樂譜之文法，包括記載音樂作品及其演奏方面之要求，大細聲、力度、感情等……而演奏樂器，是實際上去操控樂器而使到達成奏出美妙的音樂為目的，不可能將樂理及演奏樂器分開兩個派別而定位，這是同一樣東西，不可能分為「演奏派」及「樂理派」。故理氣是理論，巒頭是將理論實踐，兩者配合。

由音樂上的例子，引伸至風水巒頭理氣上，其道理是一樣的，巒頭等同演奏樂器，理氣等同音樂理論，兩者不能分派。有大龍大結之穴地，就會立得大好的向度，不過這要明師始能做到，若是小龍小結，其穴位的向度必然是小吉的向度，兩者相輔相成。

故分「巒頭派及理氣派」之說法是謬論，不足取信，寫一偈曰：

巒頭理氣
兩不離棄
互融一體
其道精微

《本篇完》

（二）以喝形呼象去點穴之謬

繼大師

一般人對風水穴位之喝形呼象是很重視的，如渴馬飲泉、飛鳥啣書、猛虎下山……等穴，一些不懂得點穴的地師，往往改得一個好穴名，以作討好福主，又或者有一些舊墳重修，而穴是真穴，但沒有穴名，只有穴地之形勢象物，如穴像一隻躺著的馬，則取其地形，便是「馬磡地」（即馬匹之集中地），又如有一真穴，前案如人之眉目，則取地名「眼眉穴」，此皆因無穴之名，只有穴之形。

究竟是「喝形呼象」先，或是「尋龍點穴」先呢！在**《相地指迷》〈卷一〉**（武陵版七，76冊內35頁）蔣大鴻著**《天元五歌》**內云：

「或取喝形來點穴。此是仙人留妙訣。
好穴難將告後人。記取真形揣摹合。
混沌初分即有山。世間萬物後來添。
器物衣冠世代異。那得生成太古前。
紫微玉髓巧分合。只為峯巒論應星。
若說龍胎真有相。後人虛揣失其真。」

此段說出：以取「喝形來點穴」，是古人明師想把真龍結穴說出，但恐世人不識，故以喝形來給後人取用。其後，宋代張紫微真人著《玉髓真經》，以古圖將山峰形勢劃出，並加以文字闡述，使後來學者有所依據。

蔣氏最後說：**「若能說真龍結穴是有相有喝象的話，後人因此而失其真髓矣。」**

現代人能真真正正地學識尋龍點穴的真工夫，實在是一件難事，「喝形呼象」是方便以「形象」去記下龍穴之地勢，但沒有真正得到風水點穴傳承之人，會很容易因「喝形」而走向偏差之路。

風水以尋龍為首，點穴為重，砂法為因，與水法及向法等，合共五大原素，互為關連，缺一不可，而「喝形」屬於砂法的範圍，一切在大地上的地物，均屬於砂法，故砂法最廣至大，風水之功夫，是先識尋龍，後再學點穴，或兩者同時學習，尋得真龍而點得真穴之後，然後再觀察其形貌，取其形象而記名之，這就是應有之次序，不可混亂。

當點得真穴後，穴前必有天然之堂局，穴亦有天然之向度，若取向度偏斜而貪收朝峰，則造葬後穴因錯收衰敗元運而至生出凶險之尅應也。

張心言地師在**《地理辨正疏》〈卷末〉—〈叢說〉**（武陵版第366頁）有云：

「專從巒頭求其天然之地。天然之穴。天然之向。蔣氏謂。但當論其是地非地。不當論其屬何卦體。屬何干支。蓋真龍真穴。自無兩宮雜亂之龍。兩儀差錯之水。此巒頭合理氣之說也。」

張氏引出蔣氏之説，首要就是要能懂得點穴，能定出穴是否真正結地，若真是結地，必有特定之向，更何況是穴地之形象呢！

因此，風水點穴工夫，不能以「喝形呼象」去點穴，必須在點出真穴後，始依形而取象，方便記取。

若有地師看地「依形喝象」而點穴，定是偽師，點穴功夫，必定有証穴之法，若能明白証穴口訣，必然能懂得點取真穴，此是風水上之「巒頭功夫」，必須得真傳方可為之。

寫一偈曰：

呼形喝象　虛揣失常
真龍點穴　一切吉祥

《本篇完》

（三）用羅庚去點穴之謬

繼大師

偶然讀一篇有關風水的文章，作者謂要帶羅盤到山上點穴，此句話說來並無不妥，但若沒有附帶解釋說明，內行人一看便知，這作者不懂得點穴。

首先，「羅庚」俗稱「羅盤」，中心有指南針，稱「天池」，裝在羅盤銅板內的中央，圓形銅板被正方形木塊包裹著，有紅色魚絲作十字線，安放在正方形木塊上的天池中心位十字線上，其主要目的是測量穴位的方向，以羅盤任何一邊貼著石碑，以手撥動圓盤，池針與天池之南北位相合，眼看池針與天池內的紅線成一直線，再看中心紅線在羅盤板上的刻度，便可量度出墳碑之坐山向度。

在羅盤的刻度中，分出多個不同派別，一般羅盤以三元、三合、三元三合混合盤為主，飛星派是現代才有的，三合派則出現在明、萬曆年間，三元派則最為古老，但無論何種派別，羅盤的主要用途，是用於測量墳穴或陽居的方向，是勘察風水時定方向的測量器具。

曾經有一次，筆者繼大師恩師　呂克明先生與我們同一班的風水同學訂做了十多個三元羅盤，是三元派古老傳承欵式的設計，坊間幾乎沒有流傳，在制造其間，廠房發生大火，值得慶幸的就是，所有東西消掉，但十多個羅盤卻完整無缺，呂師說因為是神物法器，故有靈氣守護。

通常風水師上山尋龍點穴，其首要任務，是要能準確地將有地氣的地點找出，依山形地勢，找出有氣地脈，再沿脈由上而下，依主脈之左右護脈及前方朝案之山，找出主脈有收有放之地，其下方再出現一小平地，此謂之「爐底」，以「爐底」去証穴，穴前又有明堂、案山、朝山出現，此乃真正結穴之特徵。

所以，點穴功夫，全憑眼力，最重要的，就是能夠得到真正明師傳心傳眼，幾經練歷，始能成就，並非用羅盤去點穴，所以，若有人說「用羅盤去點穴」，即非真正地師所為也。

當我們把真正龍穴找出，然後開始用羅盤，格其來龍，度其朝山方向，格其水流如何走，是否有特朝貴峰，或有可見之出入水口，用羅盤定出穴位所立的方向，去「收山出煞」。「收山」者，是以穴所定之方向，再配合山峰及特朝之位，兩者相合者，即「收山」也。

「出煞」者，即「收水」也，古人以「出煞」一語去形容收水，其意思是「煞出則旺氣入穴」，水流至穴前可見到之出水口方位是煞方，水出煞方，則旺氣來，故「出煞」即收得出水口之旺氣也。

若有明師，具有點穴的真功夫，有認取穴位方向之獨特見解。例如，他知道穴位立何方向，可以利益福主及其後人等，他隨身帶同羅盤，而每點一穴，則量度穴之方向是否合元運，或合福主本命等，此等一流地師，就可稱得上「帶羅盤去選擇合適吉穴」，而不是「用羅盤去點穴」，意思完全不同。

故此，若有人說「用羅盤去點穴」，則是謬論矣。

寫一偈曰：

羅盤點穴
功夫最劣
收山出煞
造化可奪

《本篇完》

（四）用尋龍尺去點穴之謬——証穴法

繼大師

常見風水刊物中有尋龍尺之廣告，尋龍尺是現代人所創，據說將它放在龍穴中，便能作出適當之反應，用以証明龍穴之真偽。

尋龍尺究竟憑什麼原理去測定龍穴之真假呢！大地的土質何其多，其原理又有什麼根據？此等疑問，筆者繼大師就不得而知，但是龍穴中的土質，太部份是色美而土質好，若是真穴，會出現五色土暈，有光彩，土暖有光澤，大部份龍穴附近位置是沒有高樹生長的，只有草本類植物居多，此種土質，多結陰宅龍穴，結地範圍不大，若結地廣大，則是陽居之結地，而陽居結地與陰宅結地有不同表徵，陽居結地平而大，有很多灌木大樹在其中，土質略實，或有大石在兩旁，或在穴頂出現。

陰宅結穴，其地方細小，土質多泥，樹木少，其地穴中無大樹，只在穴後出現，作穴之後靠樹木。「點穴」必須具備點穴之真功夫，依古法去証穴，有五大點，筆者繼大師解釋如下：

（一）乘金——穴上有山丘或山峰，呈圓形（金形星），穴正靠圓金形山丘。

（二）印木——印木者，即穴前或略後方出現護脈，護脈在穴之左右伸向前方，像兩支木一樣，故稱「印木」，即穴之龍虎砂。

（三）相水——相水者，即穴之左右方有護脈伸出至穴前，且相交於穴前之處，略低處有缺口，當下雨時，水沿左右護脈之內側，流到穴前兩脈相交之出水口處，相交之水，謂之「相水」。

（四）穴土——結穴之處，因為是泥土土質，又是四週山脈形勢之中心位置，中央屬土，所以稱為「穴土」。

（五）地火——結穴處是地氣所集中之地，故有熱力在其中，而此處有暖土，故曰「地火」。

有此五種條件，始為之結穴，是古代風水家之証穴穴法，尋龍尺除可探測穴下之溫度外，其他的，就沒法探知，這是筆者繼大師的個人見解，畢竟點穴是以証穴功夫去尋穴，能懂得穴法，何用尋龍尺呢！還是實際一點，用風水之真功夫去點穴吧！

寫一偈曰：

尋龍功夫　何須用尺

証穴五法　得者樂乎

《本篇完》

（五）開歪斜門搶氣之謬——開門法

繼大師

一般陽居，位於城市高樓大廈內之室內單位，或是在地鋪的餐廳或商店，門及屋之方向已定，一般人開斜門門口，只是將大門之位置略縮後，然後安裝歪斜大門。

筆者繼大師曾在馬來西亞一間酒店地下大堂內，見其大門歪斜，但其兩旁正方形之大雲石柱，其方向與本身大廈一樣，即使開歪斜大門，大門兩旁與大廈方向相同，而大雲石柱並沒有偏斜，方柱內側之方向與大廈相同，立向不變，故在收向立氣上只有少許變動，可以說是「換湯不換藥」，效應只佔約二成，此等偏斜大門，沒有起到什麼作用。

於一九八九年十月，恩師呂克明先生與同班師兄及筆者一同往江西探訪楊公真跡時，路經近瑞金地方，見一村落，屋向前方有山脈橫臥，數峰豎起，多間屋子大門，立於偏左方之向度去收取山峰。他們只知其一，不知其二，以為大門對正山峰始可收取，殊不知楊公有收山出煞訣，他們只知正收，不知兼收之理，使門口巒頭歪斜，甚為可惜。

筆者繼大師現解釋「開斜門」的道理如下：

開斜門，縱使其方向吉，只佔理氣吉凶部份約為二份一，而大門在屋內立極處所量度出來的位置未必是吉方，假設大門是吉位，亦毋須開偏斜之門。

至於巒頭（形勢）部份，開歪斜之門，等同人臉孔五官之口，口若歪斜，那有何可觀的吉相呢？孟浩在註解**《雪心賦正解》**（竹林版）最尾二篇內之**《陽宅門向辯》**有云：

「不論市居鄉居。俱宜正中開門以順通氣口。至於便門者。隨宅主之便而開也。……趨吉避凶。或左或右開門可也。切不可搶水作向。歪斜開門。如人口斜。不成相貌。為可嫌也。」

此段之重點為：**「切不可搶水作向。歪斜開門。」**

其實在陽居鄉村平房屋上，縱使門向不合，亦可在吉方位置，立上吉向而開圍門，即第一層屋外之大門。若在城市大廈單位內，可將大門移後數尺，將門開於合吉向之另一方向，或向左，或向右，大門與原來大廈單位之門位，變成一正方形之空間，俗稱「玄關」，則門向盡合吉向也，這是權宜之法。

在鄉村屋之陽居以第一道大門為主，屋之大門次之，最好兩道大門都在吉位而立上吉向，但最重要的，就是大門能收得來水生氣為吉，是謂「收逆水」。

晉、郭璞著**《葬書》**有云：**「得水為上。藏風次之。」**故大門收得逆水，就是巒頭（形勢）上得利，再立吉位旺向，就是理氣（方向）得利，兩者同收，最是大吉。

故此開歪斜之門只重理氣，而忽視形勢，但在風水學理來說，巒頭（形勢）最為重要，除了特別情況之外，一般來說，巒頭主掌吉凶多於理氣，故**「歪斜之門不可開」**。

寫一偈曰：

門開歪斜
如人口邪
搶水作向
以凶論耶

《本篇完》

（六）陽居風水擺設物之謬

繼大師

這廿多年來，風水界出現了一些不是古法的風水謬論，聞說友人請風水師看陽宅風水，風水師命友人擺放銅制的風鈴，謂以金鈴化解五黃煞氣，又命擺設銅麒麟、金錢劍、安忍水、銅錢、文昌塔……單是買風水物品，已化費過萬港元。

這些風水擺設物品，揚言可化桃花、疾病、官非、口舌，催財、催丁……這些風水言論是否真的有效呢！從友人口中回憶，放了風水擺設物品與未放時，其情況差不多，不外如是。

我們用理性角度去看這些風水擺設物，首先是古法沒有，是現代人之風水玩意，目的很簡單，賺錢而矣，放置風水擺設物，明顯是心理作用多於風水效益，亦可說是心靈寄託的一部份，這倒不如在屋內找一處聚氣位，設置佛壇，供養神佛，祈求家運亨通來得更適合也。

陽居風水，首重大門，收入旺氣，廳堂對角位，是生氣所聚之處，稱為「財位」，可放置植物或魚缸，或設神壇，把生氣凝聚於此，生旺陽居。

陽居之廳堂窗口方，可以説是收屋外生氣之門，亦為重要。廚房、爐頭、牀頭等之擺設，其形勢、方位、方向，均要合於風水生氣之凝聚。書枱位置要有實牆作靠，走廊為生氣之來路，不衝大門，除非走廊不長，而大門又在旺方，更得旺向，使旺氣入屋，大吉也。

陽居首重大門之來路生氣，廳堂窗口外方收取屋外山巒生氣亦為重要，是陽居風水好壞之根本，屋外的山巒形勢，可直接影響陽居之興旺。這些都是決定風水吉凶之基本原素，亦是最重要的東西，加上廁所、廚房、房、廳堂等在屋內的位置及門向，再加上屋及大門向度，這就是風水巒頭和理氣的綜合。除了這些之外，風水擺設物只是心靈安慰而矣。

懂得陽居風水之基本法則，自然不需擺設風水物品，故擺設「風水品」是風水學問中的謬論也。

寫一偈曰：

擺設物品
未能改運
風水謬論
破財先行

《本篇完》

（七）辨每年流年均要擺換風水之謬——尅應時間推算法

繼大師

一般學風水之人，大部份都著於方位及方向的吉凶上，又偏向於流年方位及方向上，原則上，每年的方位及方向上是有一定之吉凶，只要避開下列煞方就是：

（一）歲破方
（二）五黃二黑方
（三）三煞方
（四）都天煞方

切勿在流年的煞方上修造、動工、搬屋、入伙、上任、造葬等，即可避開凶事，通常每年通勝都會列出坐山凶方，方便日家參考使用。

一般坊間風水師都著重每年流年的擺設，其實，只要合於屋內形勢，並避開在建造及入伙時之流年、方向及方位的神煞，則可趨吉避凶，毋須每年擺設一番。當然，每年變動性地擺設，可收取多些庚金。

一般陽居通常招凶的原因，有下列兩點：

（一）地點犯上巒頭煞氣 —— 如地點建在凹窩地上，房子受水煞所侵，又或建在山巔之上，受四方八面風煞。

（二）地點沒有犯上巒頭煞氣，但方向是空亡煞線 —— 這一點是較難去認知的，必須精於理氣，且知道羅盤中的煞線方向，但畢竟大廈方向屬於空亡煞線的情況較為少有。

筆者繼大師曾在馬來西亞雲頂山下，見過一棟大廈，四正而方形，有明堂，在巒頭上看不出有什麼凶煞，但用羅盤量度其向度時，發覺是在空亡線度上，住此大廈之人，大部份都在雲頂睹場輸掉錢後住此大廈而自殺身亡，這皆因屋子形勢雖然沒有犯上形煞，但屋子立上空亡大煞之黃泉八煞線度，因此而引發起凶事。

以上兩種風水招凶原因，都是建造時無意中所觸犯的錯誤，並非尅應在每年流年之凶方上，而是大廈犯煞，尅應在其向度之廿四山干支上。

如犯煞之大廈是子山午向，若在「亥」年建造，則時間到了「子」年，「申、子、辰、午」月便有凶應，因為是子山，地支「申、子、辰」三合水局，「午」月又對沖「子」山，以「子」年「子、午」月為甚，「申、辰」月則次之，如此類推，此乃推算剋應時間之法。

故此，吉凶源於形勢及方向，若是每年重新擺換或調動過風水上位置，也不能完全將凶事去除，除非擁有兩處住所，或及時搬換屋子，把災禍減至最輕，這是有可能的。

有時因為個人的命運，凶事很難避免，是故風水吉凶，首重巒頭，次為理氣，流年、流月之神煞又次之，亦毋須每年轉換方位位置，於事無補。筆者繼大師現解釋其發生凶事的原因如下：

（一）若居住的大廈單位，廳堂之窗台本來面對海景，但前面再建一群大廈，把原來之海景遮蓋了一半，之後，突然間，單位內居住的人，惡運連續發生，甚至有人死亡。

（二）大廈單位廳堂之窗台，對著遠景山巒，四週圍繞，但突然前方再建大廈，把山景全遮蓋，本來住比單位的人，一向平穩無奇，但當前方大廈群建成後，主人即時發了一畢大財，或是添丁，或升職等。

以上兩種情況，筆者繼大師均見過，這就是風水的轉變而導致吉凶易位，亦是個人命運，甚至是一家人的家運，並非於每年流年把屋內方位位置的擺設物轉換便可將吉凶易轉。

故陽居風水，一經放好，定出吉位吉方後，不宜每年轉動，少變是有，大變則不必了。

因此「每年擺換風水位」的風水論調是大謬也。

寫一偈曰：

風水怪論
每年轉換
巒頭理氣
吉凶隨從

《本篇完》

（八）在陰陽二宅範圍內改動而影響風水之吉凶論

繼大師

無論陰宅或陽居，其可見的附近範圍內，有所修造或加建，都會影響風水吉凶，首先以陽宅為例，筆者繼大師茲述如下：

（一）陽居大廈住宅單位內，其客廳窗台本來向著遠方山景，但突然之間，前面加建建築物，遠方山景被建築物所阻隔，整棟大廈的同一個單位上，其住宅單位看不見山景。

（二）陽居大廈住宅單位內之客廳窗台，面前向着湖或海景，但突然在前面填湖或填海，再改建公園或加建新大廈群，引致客廳窗台看不到湖景或海景。

以上兩種情況，皆可能引起單位居住者發生風水吉凶剋應的事故。筆者繼大師的一位朋友住天水圍，窗台前面遠望丫髻山，風景優美，去年底突然前方加建大廈，把丫髻山的景色遮了一半，未幾太太即發生意外，跌斷腳跟，足足半年需要持拐杖走路，真是無妄之災。

在鄉村平房屋、祠堂、廟宇或陰宅祖墳而言，例如：

（一）前方中間有水池魚塘，但突然水池魚塘填平，改為農地。

（二）前面明堂是農地，群山在遠處圍繞，但突然在明堂耕地上加鑿水池魚塘。

（三）鄉村屋、祠堂、廟宇或祖墳前方開陽，正前面約十多呎距離種有矮樹，建屋或造墳墓之時樹木很矮小，或約三、四呎高，經過若干年之後，矮樹已經增長到十至廿尺高，把前方景物全部遮蓋。

（四）鄉村屋、祠堂、廟宇或祖墳近前方被高樹全遮掩，村民、信眾或陰墳後代子孫在拜山時，覺得前方看不見風景，於是把前方高樹全斬掉，之後，前方便可見遠處山景或湖景。

無論由耕地變魚塘，或魚塘變耕地，由大樹遮蓋前景，在斬掉大樹後而重見前方山景或海景，在改建或發生變化之後，會出現兩種情況，這牽涉到在改變地貌時，犯了時間上的吉凶神煞，如犯三煞、歲破、紫白二黑五黃星、都天煞等，或是得到時日的吉星相助。

筆者繼大師茲述如下：

（一）居者或後代一向平常順暢，前方明堂改變之後，凶事便發生。

（二）居住者一般平常，明堂改變之後，居者生活更加順暢，且喜事吉事連連。

陰陽二宅在可見的範圍內改動，以正前方影響力最大，又或者在鄉村屋之大門或圍門門口前方的可見範圍內改動，或是大廈外牆維修，亦會影響居住者的吉凶。

筆者繼大師曾經見有一戶住高樓大廈的人家，其兒子讀書一向平平無奇，有一年適逢他考大學之年，剛好其大廈外牆重修，暫時把窗台外觀景物全部遮蓋。在那一年，他的兒子突然間非常努力地讀書，竟然考入大學就讀，大廈重修完畢後，外牆便恢復原貌，但他已經入讀了大學，直至畢業。明顯地這一年家中大廳窗台外觀全部被遮蓋之下，而即時產生了風水效應，這就是修動的方位得到時空吉神助力，這真的是命運啊！

在一般情況之下，重修陰陽二宅，大部份都是催動凶神為多，在**《地理人子須知》**（乾坤出版社）**《卷六下》**第388頁**《論風水不可妄加築鑿》**內云：

「有務為觀美者。或廣築牆垣。深開月池。高起牌坊。及為崇台望柱。砌路建亭等事。莫知禁忌。往往有以此盡其孝敬之心。而反自取禍敗者。……」

此段重點在於：

（一）廣築墻垣。（建起一幅牆，即如照璧。）

（二）深開月池。（開鑿水池魚塘。）

（三）高起牌坊。（築起一幅牌坊作門樓之入口。）

（四）崇台望柱。（築起方形高台，前方中間有柱子。）

（五）砌路建亭。（加建道路，且建亭台樓閣。）

以上名種加建，皆出自「外表美觀」的心態，因有孝敬之心，而反自取其咎，引致禍敗，這一切都是命運，有因有果。

筆者繼大師曾見在香港元朗錦田水尾村的一棟平房屋，大門向山，遠收羅城朝峰，逆收大帽山之生氣，一家四口，豐衣足食，就是因為賺到錢，主人於是把前方大門封閉，在屋之白虎方（右手邊）開門，並加建一條車路，車子可由外面直入到平房屋之車房內。

屋之新門口，剛好有一條小水流順流而去，大門口只見水走，是去水局，主人財兩敗。新大門改建不久，主人患了絕症而亡，女兒離家出走，兒子成黑道中人，家散人亡，可憐可悲，真是因福得禍啊！

《地理人子須知》（388頁）又引述廖禹地師云：

「來龍最忌妄穿鑿。旺氣必消鑠。
又云。後龍過脈忌穿鑿。居民必蕭索。
又云。開池穿井多有忌。消詳莫輕易。
又云。塋前切忌妄增高。災禍必難逃。
又云。明堂裡面要潔淨。有物皆為病。
時人不識妄安排。於內起亭台。
栽花砌路供遊賞。禍生如反掌。」

筆者繼大師解釋此段重點如下：

（一）後方來龍過脈忌穿鑿。

（二）在不適當的位置開池穿井。

（三）墳前或平房屋大門前面有建築物加建增高。

（四）陰陽二宅明堂範圍內地方堆積雜物，於堂內起亭台，栽花砌路，以致閉塞，明堂被遮掩，使生氣不能凝聚。

筆者繼大師在 2013 年癸巳年十月到江西省興國縣梅窖鎮三僚村探訪楊筠松祖師仙跡。據三僚村廖氏後人所說，廖姓先祖有懂風水者，得遇楊筠松祖師而學風水，一百年多後（公元 943 年）出後唐（五代十國）國師廖禹。故三僚村以廖、曾兩族人為主。

傳聞當年盧光稠統轄虔州（江西贛州）自立為盧王，請楊公為他卜天子穴地，卜得後，盧王問楊公是否還另有天子地，楊公答：**「一席十八面，面面出天子。」**

盧王不願別人得到天子穴，便在楊公酒裏下毒。楊公察覺後，立刻帶著弟子回家，途中問弟子曾文辿此處何地，曾說是藥口，楊公嘆道：藥到口必死矣！

楊公臨死前吩咐曾公（曾文辿）去遊說盧光稠在贛州磨車灣安裝水碓（繼大師註：碓音 ─ 對，利用水力發動，以木造成的搗米器具。），在十字路口開鑿一口水井，則子孫世代為天子。目的是破壞贛州的「天子氣」，制住盧光稠的煞氣，後來他背部長癰疽，疼痛難忍，自縊身亡。

這就是十字路口中間加建水井及水碓，去破壞盧光稠在贛州風水的好例子。

是故陰陽二宅範圍內不可隨意改動，雖然是有吉有凶，但一般來說尅應凶事較多，吉應則較少，最好請教風水明師，否則影響風水吉凶，而致招禍。慎之！慎之！

寫一偈曰：

風水吉凶
妄加建動
禍福立變
明師難逢

《本篇完》

（九）學習陰陽二宅風水不可分割論

繼大師

初學風水的人，一般以為城市內的高樓大廈林立，以陽居為主，他們一般的觀念，認為沒可能察看大廈之來龍、左右砂手、朝案等山脈形勢，認定這些是陰宅風水的學問，在城市範圍內就沒有陰宅風水的地脈形勢可學。

這種觀念，看來合理。但筆者繼大師可以用風水學理給各位讀者分析一下：

（其一）陽宅是論生氣，一個大城市內所有建築物都是屬於陽居範圍。山崗龍所結城市的基本理論，就是是三閉一空的垣局，「閉方」三面有山脈環繞，「一空」是山脈略低之一方，為去水方。以整個垣局來說，後方有靠山之山脈，左右方亦有山脈環繞，前方略低處為出水口，亦為垣局中前方的案山範圍。

若將垣局之地形縮小，垣局之大小，僅容納一間鄉村平房屋，觀其道理，其風水之標準，亦是後有靠山，左右有護脈，前有案山，原理是一樣的，只是大小不同。

若是造葬陰墳，在陰宅墳塲墓穴葬地範圍內，亦有可能出現結穴的地方，眾多陰宅墳墓穴地，大部份雖非結穴位置，但並非是犯上界水的窩地，地點若是不受水煞所侵，就可以下葬，各個墳墓皆同一靠山、龍虎及朝案的巒頭，只不過在立向上，可能個別有差異而矣，其道理與大陽宅垣局是一樣的。

（其二）城市中之後方若是一橫臥的大山嶺，有來龍氣脈，山嶺前方中間出現一山丘，大山嶺抱著丘頂，丘頂分出左右脈包抱，其中間的平地，就能藏風聚氣，可以建陽宅，城市四週之邊緣山脈是它的外方羅城，氣脈止於一處，這就是城市中的陽宅結地。

若是祖墳陰宅之結地，其看法是相同的，只不過所結之穴地較為細小，剛好容納一個墳墓那樣大的地方，故地小結陰宅，地大結陽居。

有一些穴地，同一條脈，可結兩至三個穴地不等，但未必全是結陰宅，有些脈上高結陰墳，脈下低結陽居，或同脈之上下方兩結陰墳，或兩結陽居。但無論結陰墳或陽居，其尋龍及點穴的方法都是一樣的。

城市內的平地上，雖然並非一定在脈氣上，但只要在實地上的建築物，並沒有建在凹窩之地，位置能夠避開界水，則大部份都能符合吉祥風水格局。城市四週山脈環繞作後靠山，左右有護脈，雖然堂局是大家共同所擁有，但整體上是生氣凝聚之地域。

又或者城市後方的大廈，被前方大廈所阻隔，根本沒有堂局可言，但以城市整體性來說，它們的位置，都是被城市外圍四週的山脈所環繞，使生氣凝聚，只是每一座大廈位置不盡同而有所差別而矣。

古人論陽居重生氣，陰宅重地氣，以窩地為界水，無論陰陽二宅切不可犯，看法兩者相同，雖然陽居重生氣，但只要並非建在窩地界水處就是。

楊筠松地師在**《撼龍經》**有云：**「高一寸為山。低一寸為水。」**

陰陽二宅在造作上是有所不同，這是事實，但在擇地方面上，卻沒有什麼分別，這都是風水上的整體學問，不能把它分割。

陽居是風水加上建築的學問，陰宅是風水加上有情墳墓的修造藝術，無論陰宅或陽居，懂得點穴且能造葬或建宅，能乘接着地氣，形勢一定比別人強。

觀現今學風水之人，難分陰陽二宅的分別，往往只追求陽宅風水學問，專追求三元卦理、三合或沈氏玄空等理氣方位的學問，而忽略山脈形勢及水流流向，以為是陰宅的學問，更忽視整個地區以及大至整個城市的地理形勢，這些風水功夫都是非常重要的，此即大陽宅的「巒頭」功夫。

無論陰陽二宅的選擇，先從國家開始，政治因素當然要考慮，後擇城市，再擇地區，然後選取的穴位置，一切由觀察地勢及水流開始，縱使不是穴位，然而收得逆水，比藏風聚氣更為優勝。

陰陽二宅是整體的風水學問，不可分割也，但現時真正能尋龍點穴的地師，已經不多了，必須能真得明師師承，始能把整套風水學問完整化。

寫一偈曰：

陰陽二宅
不可分割
大地山川
知者不惑

《本篇完》

（十）貪堂局而失龍脈地氣論 —— 灑穀法

繼大師

觀一般好風水的陽居村屋、廟宇及陰墳等，它們擇地建造立向時，大部份的朝向都是風景很好，堂局優美，山水來朝，有此好風景的陽居，價錢可以賣得很高，亦不愁賣不掉。至於位於市區內的高樓大廈，其客廳窗台之觀景，若是海景、湖景、或山景等，風景極優美，只要交通不是很隔涉，人們多喜歡，亦可賣得好價錢。

屋外好風景是否代表好風水呢？風景好是風水上的「巒頭」好，縱使向度不佳，亦不致招凶險，因屋外山環水抱，「巒頭」好，是主宰吉凶的骨幹，這是在風水上的基本理論。但若屋子後方有高聳的靠山，大門望向前方，一望無際，風景很好，但若全是平地，則是去水之地，人財兩敗。

所以在「好風景」的觀景上，亦分出好壞的風水，並不是好風景即是好風水也。郭璞著**《葬書》**云：**「風水之法。得水為上。藏風次之。」**故以收得逆水為上。

但是，還有一樣最重要的風水原則，就是選擇地點的問題，以建在有地氣流經的地方為主，找到地脈行經的路線，自然選得好風水地方，筆者繼大師茲列出其方法如下：

（一）山脈從山嶺由高而落下，一到平地，便不容易察覺，古人用兩種方法找出平地上的地脈，觀看水流，兩水流雙夾中間之處，就是地脈行經的地方。

（二）有些平地，高低不易察覺，雖不見水流出現，可用肉眼察覺得到，若要建屋，就要建在略高出之平地上。

（三）在平地上，若不見水流，又不能用肉眼察覺得到它的高低位置，古人用灑穀粒的方法，簡稱「灑穀法」，在下雨後灑下穀粒，當約十多日後晴天時，再觀察穀粒是否發芽，穀粒發芽的地方，便是界水，未發芽的穀粒處，就是略高出而有脈氣之處。

在城市地區，大廈面對好風景且山巒佳，這故然是好，但若地點是建在窩地上，下雨時則容易受水煞所侵，使地區犯煞，引致風水不佳，居住之人自然運氣不好，景美而收逆水則居者賺錢比較多，犯界水則身體易多疾病，吉凶齊應。陽居不在地脈處，人丁不多，若收得逆水，則生活較富裕一點。

無論陰陽二宅，以得地氣為重，有地氣則身體健康，健康就是財富，巒頭佳且收得逆水，就是得財。

又有一種情況，一般人點地建屋，本來可以正正靠著後方山峰的，但因屋前堂局偏去左或右方，就是堂局不就，結果，以為自己懂得風水的人，把屋向扭至歪斜，前方堂局收得很正，但後方靠山則失去，甚至靠空。這種觀念的人，比比皆是，此之謂：「看前不看後。」大大違反了風水的基本原則。

筆者繼大師曾在西馬雲頂山下，見一餐廳大屋，本來屋子可正靠後方金形圓頂山丘，但所聘用的風水師，偏偏就扭斜歪向，以致屋子後方靠空，並謂前面山頂是雲頂賭場，餐廳大屋前方接錢，結果不到半年，生意破敗，倒閉收場，餐廳丟空荒廢，這就是被風水時師所累，豈不哀哉。

至於陰宅風水祖墳、祠堂、村公所、廟宇道觀的點地功夫，筆者繼大師曾在廣東省西部一帶，見過一些祠堂，雖然出過不少名人，但大部份的後方來龍後靠父母星丘不夠高，而前方堂局濶大、開陽，有龍虎、朝山、案山，特朝之峰，堂局之美，應有盡有。但後靠不高，人丁的壽元，欠缺一些。

故風水擇地的原則是：

（一）切不可貪堂局之美，而犯水煞，並失去龍脈地氣。

（二）亦不可貪堂局之美而把屋子扭斜歪向，以致失去後方靠山。

這些都是基本而又重要的風水原則，切記！切記！

寫一偈曰：

堂局雖美
脈不可棄
丁少財薄
是無地氣

《本篇完》

（十二）陰陽二宅風水之分別論——天露能消煞

繼大師

雖然在學習陰陽二宅風水在學問上是不可分割，但事實上在陰陽二宅裏，有些地方相同，也有不同。相同的地方筆者繼大師分析如下：

（一）有來龍靠山，左右有守護，陽宅以城市大局為主，垣局三閉一空，山崗龍結埠，則以環繞的山脈作城牆，守護著整個城市，形成一種保護力，使生氣凝聚於城市地域範圍內。三閉一空（後、左及右方）即是有守護。

若是平洋龍結地，則以環繞的水流作城牆，當水流環繞著整個大平地，亦是形成一種保護力，使生氣凝聚於其間，就形成一個城市，如中國的合肥市。水流作城牆（前、後、左及右方）即是有守護。《**水龍經**》有云：

「山郡以山為龍。水郡以水為龍。」正是此理。

在陰宅祖墳方面，以點穴為主，穴位即是來龍地氣所集中之地，這是最好的。縱使並非結穴之位，然而在有脈氣行經之地方，亦可以造葬，總不要犯上界水就可以。界水即是窩地，亦即在凹坑或凹地脈的位置上，無論是真結的穴位，或是在脈氣位上造葬，其原則是要後方有靠山，左右有護脈，加上前方有朝山或案山，此則陰陽宅同理。

（二）陽居鄉村屋方面，其屋向、大門門向、圍門門向或牌樓樓向，在風水造作上，是正收前方朝山或案山，是位於室外，而且開陽。

至於城市中的高樓大廈，其門口是在大廈內（室內），多面對大廈走廊，但其室內廳堂之大窗向外的風景，筆者繼大師認為就如同墳碑前方正向的風景一樣。當然並非每間陽居廳堂都有觀景可看，但其朝向道理與陰宅相同。

陰宅祖墳的墳向及碑向，一般都是同一向度，當然在個別造作上可能墳與碑不同向，但亦是以收得正前方的朝山或案山為主。

總括來說，陰陽二宅相同的地方是：有靠山，左右有守護。前方有朝山或案山。

陰陽二宅不相同的地方，筆者繼大師分析如下：

（一）結地大小不一樣 ── 在陽居鄉村屋來說，若是真龍結穴，所結之地脈濶大而厚，所結之穴地範圍大，可建一棟平房豪宅，是陽宅結地，如香港中環禮賓府（前英國殖民地港督府）。

在陰宅祖墳方面，同樣有來龍，結穴僅可建一墳之地，約六至八尺範圍，若只得三五尺位置，則可以葬金塔，把墳墓的大小去配合穴地。這些結穴原理是相同的，但所結的地域範圍大小不一樣。

（二）室內室外不一樣 —— 結穴穴位內的陽居鄉村屋或整棟大廈，除門口入口外，單位全是在室內。

陰宅祖墳，無論墳墓的欵式如何，只要是獨立性質的墳，意思是並非公眾墳墓形式，一般都是沒有頂蓋的，是露天的，日曬雨霖。廖禹地師曾經説過：

「天露能消煞。」

意思是做陰宅墳式不需用頂蓋，若墳式建造頂蓋，必須待三年後始可使用，因為下雨的時候，雨水將墳碑的向煞消掉，雨水即「天露」也。以筆者繼大師的經驗，墳式建造頂蓋，一定要有特別原因始可以建造，就是為了收取天光之吉氣，這裡有天機大秘密所在。

綜合所論，其分別是：

陽居是室內，陰宅所屬室外，碑之向度名「外分金」，骨殖藏於地下，等同陽居室內，名「內分金」，「分金」即是立向的別名。

（三）方形及圓形宅形的分別 —— 陽居室內，以長方形或四方形為主，地方四正為吉，三尖八角或稜形為凶。

陰宅祖墳，其墳頂、內圈（最貼近墳碑範圍內矮小圓形石屎牆的部份）墳左右邊及前方拜臺，均以圓形及半圓形為主，五行中，同屬金，拜台就是用半圓形，水口開於半圓形的石屎壆（音博）上，貼近墳碑範圍內用圓形設計，筆者繼大師得知在內行裡的名稱為「內圈」。在郭璞著**《葬書》**內有論述穴法，其中云：**「乘金。相水。印木。穴土。」**

「乘金」即是陰宅祖墳有後方圓金形山丘作靠，墳穴得父母金形山丘氣脈及後靠，是為得地氣，再配合墳頂範圍圓金形設計的內圈，兩者的風水互相吻合。

陽居的風水設計，在室內使用方形設計為吉祥，陰宅則以圓形設計為吉祥，這是陰陽二宅在宅形建造上之分別也。

寫一偈曰：

室內陽居　陰宅氣聚
方圓內外　吉祥氣瑞

《本篇完》

（十二）陰陽二宅之福人得福地論

繼大師

古人常云：「福人居福地。」換句話説，沒有福份的人，很難得到陰陽二宅風水的吉地。福份如何得來，心性善良，樂善好施，戒殺放生，以供養及布施為得福之因。筆者繼大師親眼看見不少事例。

有一地師，他父親雖非職業地師，但是一個懂得風水之人，祖上三代之前，家裡曾經供養一地師達三年之久，濡目日染，自此他父親便懂得風水，父親在晚年點得一穴，形像彌勒佛，穴結肚臍位，但要五十年後始發貴，官職可高達司長職級，當時有朋友願意出價五十萬港元想買下它，都被他所拒絕。

父親是個很知足的人，臨終之前，吩附地師兒子，謂自己沒有那麼大的福份，死後把他葬於別處。果然，在十多年後，政府開山修葺山區，竟把穴位的父母星丘掘去，若然真的把他葬下此處，後果真的不堪設想，後代會有意外甚至身亡的。由於父親知足，所以避過一劫。

明代廣東小欖有地師李默齋先生，精於風水，並在鶴山教書，曾自卜生基壽寢，穴地非常秀美，當聘工匠開鑿時，感覺疲倦而入睡，夢見一土地神祇對他說：

「此穴地是留給未出世之黃家狀元郎使用，你可在下方之樓沖龜山處，那裡有縮頭龜穴地，可以使用。」

李地師夢醒後，立刻命工匠收拾工具離去，果然在樓沖之龜山點了縮頭龜地作自用生基。筆者繼大師曾於一九九八考察過，龜山村民大部份均很長壽，而李氏後人成為名門望族，皆因龜地所蔭。

（繼大師註：由於當地政府發展該區，把穴地四周山頭破壞，把龜山也掘去。於 2010 年庚寅年，李氏的子孫將縮頭龜穴地搬遷到大欖岡公墓內，墳碑乙山辛向，澤山咸卦初爻。）

在古代漢朝夏侯嬰對國家有功，封為塍（註）公，死後將葬時，馬車在葬墓途中，馬匹突然跪地不前，後眾人在此掘地，發現有石室銘，上寫「佳城鬱鬱。三千年見。」於是將夏侯嬰葬於此地。

（繼大師註：見《地理人子須知》乾坤出版社〈卷六下〉第 388 頁〈論風水有夙緣〉。

「塍」—— 音盛，田間的小堤。）

祖墳得結穴的地氣，全仗福份，不可勉強，亦是穴地與葬者及福主的緣份。不僅如此，甚至能夠有緣登臨名穴大地勘察，亦不是常有的機會。學風水之人及地師，若能勘察一真龍結穴大地，都是講求緣份，極為難得。故楊公云：「大地相逢有幾人。」真知天機者，有幾人呢！

曾幾何時，有一地師與學生們到內地考察風水，途中路經一地，平地上有五個怪峰出現，當地人稱它為「五馬歸糟」，後落車遊覽，見天上白雲打開，大日出現彩虹光，一片吉祥瑞氣，於是上車後再往東行。

未幾，即發現有一大地，平坡地盡頭，左右伸出龍虎二脈包抱，中間有濶脈落下，脈之盡處，前方有一大片平田作明堂，左右脈順抱平田，平田盡處之遠方，有九個尖形山峰朝對，尖峰羅列而秀氣盡顯，行龍之長，龍之大，朝山之美，嘆未曾有，「五馬歸糟」之五個怪峰，就是此龍穴在平坡地上行龍的祖山，甚深的龍法，非常高層次之行龍，地師見了，非常高興，歎未曾有，稱之為「九子登科穴」，能與此大地有緣，真是：「相逢大地有幾人。」隋即率領眾人下車，可惜的是，車上眾人睡得如痴如醉，不願下車，只得三人隨往。

一路行到落脈處之頂部，有一弟子突然跌倒，地師急忙扶起他，再行數步，又再跌倒，又扶又跌，連續三次，弟子說被人（無形的）拉倒，嚇得他不敢再行前，膝蓋損痛難當，立刻回車上療傷。是否福份未及，不能見這大穴地？真不得而知了，但相信此地師弟子與此吉穴無緣，無緣則不能相見。

故筆者繼大師相信：

（一）福人居福地，福份由布施而得，先捨而後得也。

（二）有大福份始能遇到真龍結穴之大地，能勘察真穴大地去提高學習風水的學問，實在福份更大，故明師甚難求。

寫一偈曰：

察看佳城是福份
點取大地幾人能
知音難覓把琴碎
相逢大地有幾人

《本篇完》

（十三）城市九宮地運謬誤之論

繼大師

一個城市的風水好壞，其範圍甚廣，山崗龍城市結作原則是三閉一空，四面環山，中有水流繞過，一方略矮，為去水方。

平洋龍則以三方水流環繞，一方為去水處，楊公冠以「天苑」之名；又水流源遠而來，突然屈曲數個彎道，便結作一個城市，如黃河陝西結「河曲市」，取黃河一曲之意。風水祖師楊筠松在《垣局篇》云：「百源來聚天市垣。一水抱曲是天園。」故河曲市是天園。

平陽龍是平坡地，略出現有山丘，遠方有高山群，其中有水流流入，順弓環抱，如北京城，楊公謂：「天市垣局」。

一般坊間流行一種說法，以洛書九宮之數，將該城市或該國家，劃分成九宮之格數，順序以先天卦數，由九南、四東南、三東、八東北、五居中位、二西南、七西、六西北、一北而排列。假如現今為下元九運，即九數南位為最旺運，八運為東北位，六運為西北位大旺。

這種說法，每個城市都是同一衰旺位置，這種計算衰旺的方法，以訛傳訛，既不理會山川形勢，亦不著重水流，一味以方位為重，格局過於刻板，於理不合。

風水之法是靈活的，一切依山川地勢而得出吉凶的剋應。無論山崗龍、平洋龍或平陽龍所結的城市，都和水流有密切關係，水流屈曲彎環為主，水流之流向形態，有大天機在，能影響整個城市的衰旺，不只是城市，甚至一個小鄉村，若是山環水抱，收得來水水流，或是四正四隅之方，雖然是小村落，仍然可以蔭生狀元或高官。

筆者繼大師曾到由楊筠松祖師所開村立局的風水名村考察，位於江西省撫州市樂安縣牛田鎮東南部之流坑村，村外門樓上書著「天下第一村」，是午水來朝，子方去水，九十度屈去村之後方，向西面曲抱而去，再九十度轉向北方而出，村北面後方向西那節水流，沿著村北面之長橫木形山丘邊而行，山丘雖然不高，但山丘厚而橫長，作村之北面後方靠山。

本來村的水流，在村之東邊由南方向北方直流而出，直流由橫長山丘側的東邊向北方而去，後楊公祖師將那水流截斷，阻塞向北行那節水流，然後吩咐董姓村民由村北與橫長山丘之間開鑿一深坑，引水流由東向西繞過村北後，再往北行，這樣水流便屈曲而繞過村北而北去，這節人工開鑿的深坑，據說用了廿年時間開鑿，因此命名為「流坑村」。

此節人工開鑿的水流，由甲（東面）向庚（西面）流過村北而轉向北流而去，楊公並預言：「若是水流庚。依舊好流坑。」其董姓流坑村民後代，由南唐以後，歷代出了很多官員及文武狀元各一個，今留有狀元樓作紀念，緊貼五帝廟南面側旁。筆者繼大師認為若是看它的風水，看不出有什麼特別，山雖環，但水本來不抱，今由楊公改其水道，結果成為「天下第一村」。

故改變水流，使其環繞兜抱，加上南北及東西向，就是發旺的主要關鍵地方，這就是楊公在**《天玉經》**所說的格局：**「乾山乾向水朝乾。乾峰出狀元。」**

要找出城市的地運，筆者繼大師認為並非將城市或地方分出九格，去推算其方位的吉凶，其秘密在於山川河流地脈的形勢上，故以九宮格數位的方法，去推算地方上的吉凶，是大大的謬誤。

寫一偈曰：

九宮八卦位　　吉凶不同例
山環水繞處　　發福得富貴

《本篇完》

（十四）鄉村祠堂不可妄自遷徙論

繼大師

由古至今，在中國的村落中，以同姓族人聚居較多，大部份都建有供奉祖先的祠堂，希望先靈庇佑。在風水學問中，首重形勢，此謂之「巒頭」，方位及方向謂之「理氣」，形勢之學問，必需得明師心傳口授，方能明白。

以風水基本法來說，必須後有靠山，接得來龍氣脈，左右有守護，前有明堂及案山，無論陰宅或陽居，切勿建立在高地上，此為基本方法，亦是非常重要的理念，若是違反風水形勢上的原則，雖然方向是最好的，都一樣會招致凶事發生。

筆者繼大師曾經勘察一村落，古名「聚龍村」，位於香港新界沙田九肚山上方，是高結的古村落。曾幾何時，建有一羅氏祠堂，後有靠山星丘，前有明堂，堂外有橫長案山，與祠堂之白虎方山脈相連，是白虎捲案格局，案外可見有略高出的羅城朝山，山上有尖峰可見，祠堂全部逆收前方朝案，朝山遠而高聳，案山近而低，在祠堂門前，可見案外貴人峰及羅城群山，逆收之堂局，實在少見。

十八世紀末，已有村民移居美國三蕃市，羅氏祠堂蔭生了十九世紀初之中華民國外交官羅昌先生。在十九世紀中，羅姓有兩大房人住在聚龍村，因為某些事情，二房與大房發生爭執，謂祠堂風水不佳，不甚發達，擬在舊祠堂之白虎方處再建一新祠堂供奉祖先。

新祠堂後靠不高，並非完全收到逆水，是橫水，右倒左水之局，下關砂緊閉，靠山之頂部有凹峰，凹峰處有坳風吹，幸好新祠堂只得一層高，坳風由屋頂上空吹過。當新祠堂建成後，擇好良辰吉日，二房在新祠堂領香祝禱，祈請歷代祖先移居新建之祠堂。

據姓羅的老村民對筆者繼大師說，當一切完成後不久，村內不約而同，先後有數十人喪生，死亡原因，全是意外，有被毒蛇咬死，被野獸咬死，被狗咬死，被水淹死，有些車禍意外喪生，因為發生太多的凶事，二房極之內疚，結果二房所有族人，遷徙至隔鄰之赤泥坪村定居。

筆者繼大師聽了為之驚訝，只小小一個祠堂，就影響那麼嚴重，真不可少看它，我們擇地建祠堂，必須要符合風水基本法則，後靠要有高山，名「天柱」，主壽元。

晉、郭璞著**《葬書》**有云：**「氣感而應。鬼福及人。」**這「氣」指「地氣、生氣」，祖先陰人被供奉在好風水之祠堂內，先靈得到好風水地氣，又得生旺之向，得了天地靈氣，自然有能力庇佑其子孫。相反「鬼禍亦可及人。」若然沒有風水地氣，又受形煞或煞水所侵，先靈不安，得煞而找他們的子孫去分擔，禍及子孫是也。

當一條新村建立，開族先祖，多必建祠立廟，望祖先神靈護蔭，初期或生活艱苦，但當穩定下來後，鄉民住久了，生活安穩，身體健康，已經是一件很滿足的事，但有些人仍覺得不夠富貴，心生貪念，故有改動祠堂的心念產生，結果福得不到，災禍卻來臨。

筆者繼大師於 2013 年癸巳年再到江西贛州興國縣梅窖鎮三僚村考察楊公仙跡，見有曾姓所新建的楊公祠，發覺並非筆者繼大師於 1989 年己巳年到過的那間，雖然它外表裝潢華麗，雕龍雕鳳，全部由青石所堆砌而成，但地點極為平凡，並非結地，於是向當地老一輩的村民追查原因。

一查之下，原來有舊建的楊公祠，已經有村民居住，原本的楊公祠，有來龍、穴星、龍虎砂、明堂、朝案及平托，全部具足，是一塊名副其實的風水結地。舊建的楊公祠，一直沿用很久，但在廿世紀中末，村民覺得在楊公祠內已經供奉楊公很久，各人並沒有大富大貴，於是放棄此地，在下方重新建上新的楊公祠堂，即是現時供奉那間。

筆者繼大師非常感慨，既然是風水第一村，必定有深懂風水學問的人，舊建的楊公祠是真龍結穴，又是子山午向貪狼大局，為什麼捨棄而不用，反而用新建的楊公祠，外表豪華美麗，但地點非常普通，並非真龍結地，看來三僚村得真道的地師，似乎已經全部移民到外地，風水的真道，真是時移世易了。

不過這間新建的楊公祠，是由三僚村內曾姓的村民所建，是楊筠松先師大弟子曾文辿的後人子孫，而楊筠松先師的另一位大弟子廖瑀的後人子孫，他們所建立的廖姓楊公祠，與筆者繼大師於 1989 年己巳年到過的那間，地點完全沒有改變，只是當年破舊不堪。在文革時，祠堂前方頂蓋被拆掉，現今已修復完畢，祠堂雖小，但非常莊嚴，似乎三僚村廖姓的村民內，有真得風水真道者在。

三僚村由公元 888 年至現今 2013 年（筆者探訪之年），已經有 1125 年的歷史，說來唏噓不已！風水之法，仍在流轉，不在於地點及時間，全在於是否得到楊公風水真道的傳承為要。他們常言：「天下風水出三僚。未到過三僚村的人，就不是真正的風水師。」

近代在三僚村的風水師，後輩繼大師不敢批評，但憑所見所聞，其大部份人已經轉向批八字、改名、擇日、姓名學，但看風水的仍然大有其人，以五術風水發展旅遊業務，開風水班、八字班、姓名學班等，舉辦風水學習班之旅行團，食住均在三僚村，內有楊公飯店、曾公飯店可供住宿，唯獨欠缺廖公飯店，除住宿外，學費另計，由馬來西亞慕名而來的學生特別多，真的是非常旺盛。

可能由於新祠堂的興建，帶來風水五術班的生意，又設有三僚村楊公風水仙蹟導賞團，大大發展當地在風水上帶來的旅遊事業。但興旺歸興旺，都是世俗之財，楊公風水的真道終歸於風水無價的真道，兩者互不相干，求財還是求道，見仁見智，是禍是福，不得而知。

祠堂的改動，其結果有吉有凶，必須要找真正的風水明師去修造，否則後果不堪設想。

寫一偈曰：

風水祠堂
不可輕動
尋訪明師
子孫興旺

《本篇完》

（十五）著重擇日、方向及方位而忽略風水之巒頭論

繼大師

「擇日」是指選擇時間，以「扶山、相主、補龍」為主，墳碑墓穴之坐山，或陽居之坐山，或神廟、神位、工作室之坐位、讀書房之坐位等，在量度出在羅盤廿四山的坐山方向後，再擇日生旺之，此稱為「扶山」。

以擇日日課干支之五行去生旺當事人（又稱福主或祭主）之生人年命五行，這叫做「相主」。

山脈地氣所行經之處，結穴前到頭一節處，便是「行龍的入首處」，再看羅盤內在廿四山是何位，即可擇日造葬，或安龍神碑，以日課干支之五行，去生旺來龍氣脈方向之五行，這叫做「補龍」。

房屋或墳地的立向，稱之為「理氣」，坐山向度要當旺，若非當旺，也不要犯上煞向，理氣派別有多家，筆者繼大師述之如下：

（一）三合家派 ── 以一個圓週三百六十度分出廿四格為坐向，每格再分五小格，為一百廿分金（即向度）線度，用於立向安碑墳。三合家用廿四山左旋半格，右旋半格，連本身廿四山，分出「天、地、人」三合盤，共有七十二格，用作消砂、消水、立向。

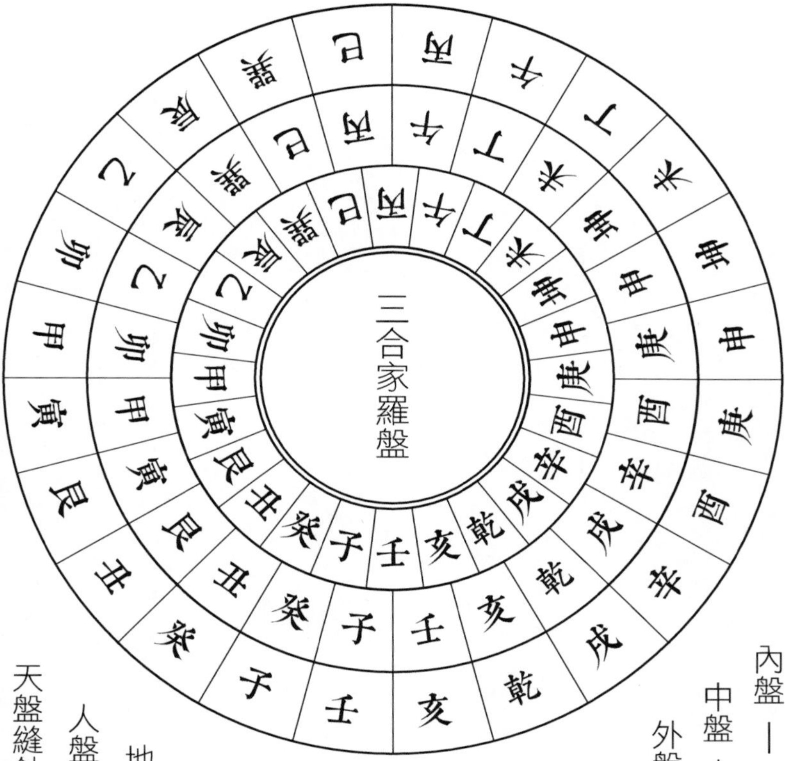

內盤 — 地盤正針用以格龍、立向。
中盤 — 人盤中針用以消砂。
外盤 — 天盤縫針用以納水。

羅經三盤圖

地盤正針為廿四山正位。
人盤中針比地盤正針後半格。
天盤縫針比地盤正針前半格。

（二）沈氏玄空派——用廿四山為主，以玄空（時間）分出九個元運，每個運有廿年，共一百八十年，元運之說取自三元派之玄空大卦，以每個元運之數放入中宮，依洛書九宮之數，以山水之順逆飛臨各宮位，取山星及向星同飛，依元運而作順逆飛臨各宮，以元、無著大士著之《紫白原本錄要》為藍本，加上紫白流年飛星同到各九宮而定出吉凶。

（三）三元派之玄空大卦——以楊筠松、蔣大鴻、張心言所倡之六十四卦元空大卦審生旺向，以廿四山方位定其坐山五行，擇日以日課干支五行去生助廿四山之五行。三元六十四卦之三百八十四爻立向，用作消砂、消水、收山出煞。

至於在形勢方面，稱為「巒頭」，穴之巒頭形勢所佔之力極大，其次是墳向碑向，再其次是擇日日課，日課之福力與龍穴成正比例，龍穴地氣愈盛，則日課之福力便引發龍穴內之福力出來，日課約佔十分之一、二的力量。

陽居宅地之巒頭形勢要肆正，家庭若有神位，則要「藏風聚氣」及「迎收來水」，再配合「方向、方位」，這就是風水的範圍。陰陽二宅，以後方有靠，左右有護，前方有明堂平地，堂外有關闌等為吉，切勿犯上巒頭形煞，此是重點。

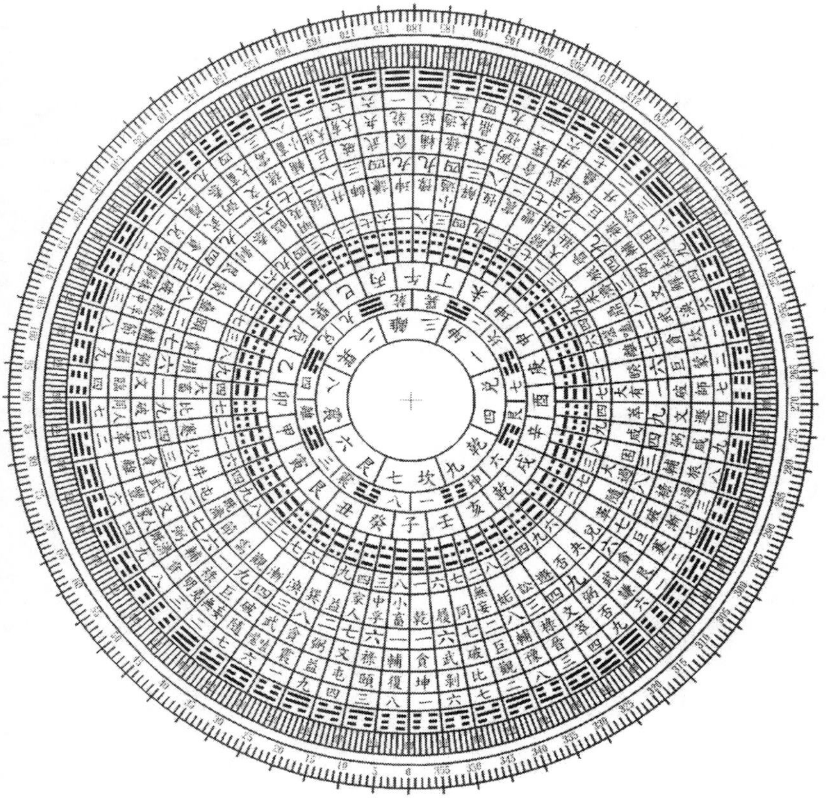

繼大師設計

三元易盤六十四卦羅盤圖

無論陰或陽二宅，若巒頭及理氣沒有犯煞，則以擇日法去生助方位及祭主（當事人），這樣其福力便能引發出來，但若然在巒頭及理氣上有犯煞，不單只不能邀福，甚至凶事連連，學者須知其道理及福力之次第。

在**《沈氏玄空學》〈卷六〉**，蔣大鴻地師弟子姜垚先生著**《從師隨筆》**（第858頁）內有云：

師（指蔣大鴻地師）**授以天星選擇**（即七政四餘天星擇日法）**謂之曰：「巒頭不佳。理氣不合。天星亦無用。巒頭本也。理氣末也。天星末之又末也。」**

此段所指，即是：**「以巒頭形勢為主，坐山向度為輔，擇日為助力。」**

蔣大鴻地師雖然主張這論調，但他並沒有放棄使用擇日，他在**《天元歌五章》**（武陵出版之**《相地指迷》〈卷之二〉**，第61頁）有云：

「地利天時古聖言。堪輿兩字義相連。浪說江南無大地。但取年月日時利。真龍大地遍江南。也要天時一力添。初年禍福天時驗。歲久方知地有權。」

此段說明，地利為主，應驗在後，擇日為助力，應驗在先，這見解是明白其「先後、輕重、次第」之實況，蔣氏亦未排斥擇日學，是真知其整體關係。

結論就是：在陽宅方面，其方向及方位以肆正為主，在形勢向度上不可雜亂，量度屋向後，以擇日日課之五行，去生旺房子之坐山五行。在陰宅上，最基本的條件，是能夠點得真龍結穴，定出坐向後，然後擇日造葬先人。

寫一偈：

風水擇日
次第分明
巒頭理氣
得福密密

《本篇完》

（十六）大廈設計為取景而立向歪斜謬誤之論

繼大師

現代城市陽居，佈滿大廈，如石屎森林，其建築物多依地區山勢而建，倘若在一片大平地的城市來說，道路以「井」字形作縱橫交錯最好，是為「井井有條」，美觀舒服，道路兩旁的建築物，依道路的方向而立，每幢大廈整齊排列，市容美觀，居住之人，易守規矩，安於本份，更能符合吉祥風水的設計。

相反，一大片平地的城市，道路凌亂，路與路之間，形成三尖八角，路亂則氣亂，民居大廈易被道路所衝煞，市容紊亂，居住之人，容易心煩氣燥，嚴重一些會產生奸邪之念，及容易發生災禍凶事，使治安較差，更嚴重一些，會發生暴動甚至政變等。

常常見一些城鎮，出現三角形的湖，或刀形、或劍形，筆者繼大師發覺大部份住在這種地區的人，大都是好鬥之士，甚至成為戰場，而大至一個國家而呈現出三角形地形，都是好戰之國。或有雙水相交而結出一個首都大城市，拖出一個尖角地形，沖向前方而相交入一主要水流，或是兩水相交處出現匕首形小島，其領導階層進駐其中，他們的思想，都容易成為好勇鬥狠的人，這些都是筆者繼大師多年來所得出的寶貴風水經驗。

單說城市之形勢設計，就有兩極好壞之分，有些形勢是天然，有些是人為建設，若加上大廈的方向，吉向或煞向，就會出現極端的吉凶尅應，這就是城市大陽宅風水的佈局。

一般大廈坐向，都是依道路的方向而立向的，無論商業、工業或住宅大廈，依道路方向立向，都是正常的做法，但現代的大廈設計師，他們認為依路向立向，其大廈沒有視野可見，是大廈見大廈，而且依路向立向認為是呆板，沒有設計新意，於是乎設計師把大廈設計成稜角形，與道路方向相差四十五度，大廈一角對著馬路，左右兩角尖尅著兩旁鄰座大廈，筆者繼大師極之反對這種設計。

又有些大廈群自成一個地方，其大廈範圍地形屬長方形，長形那面是道路，例如長方形地形可建四幢大廈，一般正常建築，會使四棟大廈依道路方向成平行而建造，但現代房屋設計師為了讓大廈多些視野空間，便將四棟正方形大廈的角位向正道路，設計成稜角形，四幢大廈角對角，互相尖尅，使形勢（巒頭）上出現凶煞，筆者繼大師認為這樣會造成人與人之關係會趨於惡劣。

若在方向上，向度帶煞，則凶事更大。至於在好的一面，其大廈廳堂窗外觀景美麗，若收得正神山水，亦是好事，但畢竟本身形體不協和而尖尅，縱使有財運而身體欠佳，吉凶齊應。

若在一個城市上，街道整齊，但所有沿路兩旁的高樓大廈歪斜不正，各有各的向度，整條街道看過去，古怪畸形，市容紊亂，各顧各，自私自利的心理在風水形態中表現無遺。

香港是一個現實主義的社會，地產商為了賺錢，不惜使大廈設計師搞盡腦汁，每一吋的空間地方也不放過，扭建歪斜廳堂（鑽石廳），建築窗台，偷出空間，建發水樓，務求多賣一些錢，導至風水古怪，至令住者易煩燥，住鑽石廳形之屋，易患心臟病，脾氣易暴燥，易發生凶事，好的方面，就是適合藝術家居住。

總括所說，據筆者繼大師的經驗，為了使大廈單位多些視野空間，引致大廈角對角，互相尖剋，設計鑽石廳形單位，都不符合吉祥風水的原則。

寫一偈曰：

城市亂路　大廈歪斜
縱使景好　吉凶齊應

《本篇完》

（十七）大廈設計古怪尖角歪斜謬誤之論

繼大師

在陽居風水而言，鄉村屋或高樓大廈，它的屋子設計，就是房屋的外相。在中國古代的典型風水房屋之中，可算是廣東省一帶的屋子，其房屋兩端頂旁，中間出現有圓形的頂蓋，稱之為「照壁」，建築學術語稱為「防火牆」，如澳門媽閣廟左右外側的外型設計是也，此為之「有情」的屋相。

有一些房屋的照壁是平頂圓角，為平土型照壁，如香港沙田曾大屋村。屋之外相有情，居住之人，自然比較和諧，當然間要配合房屋週邊之山形是否秀麗有情，但屋之外相是比較直接影響居住者。

現代中國人受西方思想影響，要革新及創作新穎，廿世紀初，有五四運動，反八古文，反傳統山水畫，破舊立新，放棄傳統房屋設計的形式，如四合院的模式。時代是要進步，但人性是不變的，房屋的風水設計，直接影響居住者的心態，古今皆同，如人的衣著服裝隨著時代演變而有所改動。

世界級著名瑞士大廈設計師赫爾佐格（北京鳥巢設計師）在巴黎西市南部興建一幢五十層高的金字塔大廈，大廈有微微扭曲及有缺口，作為一件藝術品是可以，但是給人住的大廈，在風水上就有凶險了，不僅如此，它的建築外相，會影響周邊附近建築物居住的人，帶來很大的爭拗、暴戾，甚至有暴動的意圖。

如西班牙銀行，其設計歪斜，大廈將要倒下的樣子，結果銀行擠提，幾乎倒閉。又如北京中央電視台，其設計如人的雙腿，扭歪設計，中空如凱旋門一般，結果發生大火而燒死人，很多名女主播犯上桃色緋聞。

又如香港新政府總部，無靠山，辦公室下方空蕩蕩，中空亦如凱旋門，「門」字形設計，結果未入伙而跌死一名警察，高官入伙後，患上退伍軍人病，政策不通行，施政混亂，立法局各議員爭拗不斷，將來勢必下台，或入於外判政府。

不信風水不重要，但用正常的長方或四方形大廈設計就可以，毋須標奇立異，「門常開」真怕它要倒閉，古靈精怪，自掘墳墓也。

香港的理工大學的燈籠式建築物，及城市大學設計學系的大樓，亦是畸形設計，將來勢必發生一些意想不到凶事，大廈設計師成為了主導命運的風水師，命運在他們的掌上，哀哉！哀哉！。

若以人的相貌去比喻大廈的設計，人有五官是正常，若只得一眼又無耳朵，鼻得一孔，便是畸形人，建築物的設計，亦復如是。若標奇立異的設計，便是怪胎，居住的人，自然思想古怪，偏激暴躁，異於常人也。

在九龍塘筆架山後方的歌和老街，建有城市大學學校宿舍第四期十一座，中央穿了一個大洞，據學生透露，此處曾經有位同學在這座宿舍跳樓自殺而亡。其對面建有「邵逸夫媒體創意中心」的大廈（Run Run Saw Creative Media Center）筆者繼大師從未見過這樣畸形的建築設計，未來這間創意中心教育出來的學生，必定有一番破壞性的作為，但願不是如此。

在一個城市中心的區域，所有摩天高樓大廈建築物都是古靈精怪、歪斜扭曲、三尖八角，當它們全部出現的時候，就是意味著這個城市將會有大災難發生。或許這就是共業吧！

風水講求對稱、平和、和諧、明堂聚氣等，後有靠山，左右有守護，前中有明堂，生氣凝聚於前方，大廈以 U（凹）形設計最好，如香港半島酒店，符合吉祥風水原則。

中國古代真正的風水建築學問，不能用於現今社會，簡直是一件非常遺憾的事，甚為可惜！筆者繼大師但願他日源於中國的真風水學問發揚光大，能真正成為所有城市、大廈及建築物的設計主導者，為世界發點光芒。

寫一偈曰：

設計潮流
影響巒頭
吉凶轉變
禍福人謀

《本篇完》

（十八）在室內開羅庚量度大廈座向之謬 — 量度大廈向度口訣

繼大師

常見一些學風水的人，或業餘風水師，甚至是職業風水師，他們用羅盤在量度大廈坐向時，在大廈單位鐵閘門前量度，並沒有理會鐵閘大門的磁鐵會影響羅盤池針的準確度，即使在大廈室內任何地方量度，其準確性都成問題。

有一次，曾有一朋友來電，謂他新的村屋（二樓）裝修，請教筆者繼大師一些問題，他說他的屋向是丑山未向正線（水風井卦），想開歪門搶運，我說你在那裡量度，他說在屋門內，我叫他，你可走上村屋三樓天台，騎著木梯去量度，結果量度出來，竟然是癸山丁向兼丑未向（雷風恆），相差一個廿四山（三個卦位），並通知他不要開歪斜之門。

又有一次朋友之貨櫃場立向，他距離貨櫃箱十多尺取向，結果羅盤仍然受鐵櫃磁場影響，直至搬開全部貨櫃為止，羅盤始穩定下來。

風水以巒頭（形勢）為主，配合方向（理氣）為用，當在室外在無磁鐵影響之下，謹慎量度，左右前後均去量度，得出相同正確方向數據，始能得出陽居之吉凶結果，不能馬馬虎虎，草草了事。

一般人在室內量度大廈的向度，受到大廈鋼根的影響，必然不準確，方向量度錯誤，影響判斷吉凶的準確性，這是以大廈本身坐向定吉凶。

坊間亦有另一種說法，他們認為大廈內有石屎鋼根，住的人受其磁場影響，應以根據大廈內所量度的方向為準，這說法聽來似乎有道理，但若仔細分析，就出現問題了。

據筆者繼大師經驗假若大廈室內居住單位，放有電視機、雪櫃、洗衣機、冷氣機、鐵文件櫃，彈簧床，各樣東西都是磁鐵，必然影響磁場，若量度向度，豈非因各房子及廳堂擺設不同的磁鐵物體而引致向度有所偏差？那麼以何處向度為標準呢？這就於理不合了。

在量度大廈的向度時，筆者繼大師認為應遠離所有磁鐵的地方量度，最好站立在梯子上，距離地面約六呎以上，避開地面底下電綫或鐵水管的磁鐵，放定羅盤，仔細量度大廈向度，小心及認真地再在大廈兩旁不同地方量度，若得出相同向度，就是最準確的了。若要更精細，可在谷歌（Google map）高空地圖上再量度，作為參考數據，兩者比較，再取其最接近的向度。

亦可以一人騎著木梯，一人將羅盤放在木做的腳架上，量度大廈門口，一人瞄準，一人量度，務求準確無誤，向度一經量度後，吉凶自然能夠掌握。

筆者繼大師的經驗口訣為：

在室內開羅庚量度大廈座向是不合理的。
避開所有磁鐵去量度大廈座向是合理的。

寫一偈曰：

室外室內
磁場不同
處理認真
吉凶可從

《本篇完》

（十九）降靈及用靈眼看風水結地論

繼大師

昔日（1989年）與恩師 呂克明先生及同班師兄到江西三僚村訪尋楊筠松風水祖師仙跡時，去瑞金途中，經過一村落，見有一班村民圍著一位坐在椅子上約七八十歲的老人，我們問他們做什麼，他們說老人是「代人」，什麼是「代人」呢！原來就是「乩童」，即是神靈借體附身的人，他們說，剛才正是楊公仙靈附體，給人問事，亦曾給人點地看風水，其後我們供養了他們一點錢便離去。

對於降靈附身看風水一事，筆者繼大師並不反對，若依巒頭點地，龍穴砂水立局定向，依法造葬或陽居立局是可以的。筆者繼大師曾在人造衛星高空地圖上，在台北市北面點有一穴，發覺是一間廟宇，名「北峰寺」，是子山午向。

為了引證是否真能結穴，剛好有公事到台灣要辦，借此機會到北峰寺一遊，車一到北峰寺，平日很少到廟的主持陳純純女士出來相迎，雖然素未謀面，但對待我們則非常熱誠，奉茶、送上新年食品及觀看介紹此廟宇的影片，如同老朋友相聚。筆者非常感激她對我們的熱誠招待及對廟宇的介紹。臨別前語我：「我與你前世見過面，今世有緣相聚是重逢。」我無言相對，不知所以言。

北峰寺位於汐止，背靠金龍山，前朝金龍湖畔，由陳論先生獻地，創建於民國三十一年（壬午年公元1942），點地建廟初期，由一小尊三眼八臂的準提觀音菩薩像座轎出巡，坐在四人大轎上，四人是乩童，抬著佛像，乩童用跳步的方法，走到山頭一處地方，突然停下，點了一點，地點就是後來主殿準提觀音菩薩像的中心位置，再在四週點了四點，就是大殿最內圍的四根柱子。

以風水地理來說，北峰寺是名符其實的真龍結穴，向度是午兼丙向，是一流的立向線度，無論巒頭及理氣，都是非常高水準的建造。

筆者又曾經見過一陰墳，正朝向度不用，偏要斜向右方，據說做風水的地師，突然「師父到」，大力用腳跟踏地，手指指向前方，其方位就是墳碑的向度，這是降靈附身而立向的，但水準很低。

另外，香港的黃大仙廟、黃大仙祠、信善玄宮、青松館、圓玄學院等廟宇，它們都是由扶乩出來，寫字在沙盆上，帶領他們去建做的，其廟宇風水格局，無論形勢、向度及水法，均是一流的設計。

在天德聖教教主《大宗師傳》內，提到簫昌明夫子於廿世紀卅年代來港，他是一位得道之人，六通具足，他途經大埔，見有一地，靈氣十足，他吩咐弟子買下它，並建廟作道場之用，就是現時大埔馬窩之天德聖教寺廟。筆者繼大師曾經前往勘察，是陽宅的真龍結穴，穴位巒頭理氣皆非常好，唯一小缺點，是其第二層後靠山不夠高，但作寺廟則無妨。

有一次在勘察香港某個村落時，見一三層樓村屋，建於有來龍的平地結穴上，後有照峰，左右方有夾耳山峰及護脈，脈抱著近前方的內明堂，除有龍虎砂之外，更有外明堂，特朝山峰秀麗，高度適中，羅城環抱，位置甚吉，少有之結地，為鄧氏老夫婦所居。

勘察其間，剛好他們回來，查問之下，鄧老太說，他們原本住在這村落的鄧氏祠堂後面，後來他們想在附近找地方建屋，鄧老太去求附近的土地公，晚上即夢見土地公對她說：「你們自己有田地，可在這塊田地上建屋子。」並在夢中顯現是那塊田，結果就是現時住的陽宅真龍結穴穴位，這正是土地福德正神夢示點地。

綜合以上所見所聞，無論是乩童、代人、得道之人或土地公夢示等去點地，皆以傳統証穴方法去証明之，筆者繼大師認為有來龍脈氣、父母星辰、平托、左右內砂、夾耳、龍虎砂、羅城、朝案及明堂等。若全符合這些，就是真穴，否則，就是騙人的。

寫一偈曰：

風水結地
降靈扶乩
穴得正位
居者福氣

《本篇完》

（廿）學習風水具備福份及宿緣論

繼大師

蔣大鴻地師是明末清初（1616－1705？）之風水明師，當年他三度被時師誤遷父墳及錯造風水，以致家道中落，因誤信庸師所致，直至在曠野遇到無極子，焚香祝禱舉行拜師禮，始得真傳，這一切都是宿緣。後來他將父母親葬於自卜的吉穴上，且著書立說，名垂千古，為三元地理的風水祖師，得歷代後人敬仰，這皆因得遇無極真人所傳授，又得父母親的祖墳風水所蔭，加上自己的努力而得此成果。

在《蔣氏家傳地理真書》內的《奉授歸厚錄上》〈玉帝表文〉，是徒弟拜蔣大鴻為師時呈上天上所燒的表文，內容說明所傳的秘本可得權宜鈔錄，但無論學得精與否，三年之後必須焚滅原本，以杜絕妄傳。

而同宗只傳二本，傳後要弟子作道教之拜懺法事，頌經八部，超度祖先後始傳風水秘法。這就是先消弟子及其祖先的業力，然後始傳授風水秘法，去曾加徒弟本身的福份。

唐、楊筠松祖師在**《都天寶照經》**內云：**「父子雖親不肯說。若人得了是前緣。」**這証明傳授風水是有宿緣的。

在道理上，懂得真正的風水學問是可以趨吉避凶的，但條件是個人要具備這樣的福份，就如蔣大鴻地師要弟子拜懺、頌經及超度祖先，來曾加弟子的福份，然後行善積德，再加上學得真風水口訣，幫助別人，行功立德，更助自己曾加福元。

用邏輯上去推理，人能夠點出真穴位去居住，先決條件是有足夠金錢去買屋，再加上懂得真正的風水學問，但最重要的，就是真穴位的屋主或地主是否願意出售，這點是不能控制的，就是福緣上的問題。

能夠得到風水真傳的人，本身除有智慧、足夠時間、金錢及福份外，又要遇到明師而肯傳授給他，自己又能盡心苦研，努力追求真理，如蔣大鴻地師用了卅年時間，始完全明白真正的風水學問而不再有疑惑，但已經是一位七十多歲的老人了。

得真道的風水明師在擇人而傳授風水秘訣時，先決條件是學生的品德及人格，就是要學生守戒律，尊師重道，發心助人，不歛財色，不販賣風水學問，若明師所傳非人，則遭天遣。

古籍記載，風水明師郭璞先生曾傳授一戴姓之學生，一日其學生偷取郭氏之風水秘本，未幾，秘本則自動被焚毀，相傳因有風水守護神故。

其實，風水明師在傳授真正的風水學問時，是在增加徒弟的福份，教懂徒弟風水，他則可以有機會找到好地理，而帶旺自己甚至全族人的運氣，故師父要背負徒弟的業力，所以蔣大鴻地師要弟子拜懺、頌經及超度祖先，消他們的業而增加福份。

由於風水可以濟世而使善業增長，長遠一些，就是使到這世界更加多些善人，利用風水，使善行發揚，利益眾生，大家和平相處，互相尊重，趨使世界更加大同，遵從這個理念而實踐，社會上則多些祥和之氣。

但很多時是事與願違的，利用風水賺錢而做不到好風水給顧客的人多得很，教授及販賣偽風水學問及歛財，靠登廣告而吹噓自己，懂八字批命、擇日而不懂風水而去給人造葬風水賺錢者居多，但因果業報，絲毫不爽。故得風水正法者，要珍惜得來不易的秘法，擇人而傳，並且守護之。

佛家有一偈曰：

佛家一粒米　大似須彌山

倘若無功德　披毛戴角還

因緣果報。如影隨形。慎之！慎之！

《本篇完》

（廿一）寺廟不信風水論 —— 寺廟三種地形法

繼大師

風水屬中國獨有的古文明文化，是民間宗教信仰範圍，並非各地宗教界都會接受，西方宗教並沒有此觀念，認為上帝是至高無上，故不相信。

在香港，一般佛教顯宗廟宇，他們不相信風水，認為是迷信，認定佛陀為最大，駕馭一切神煞。無論信與不信，但風水還是有祂的力量去影響居住的人，不同地方，不一樣的山川形勢，人物風情不同，故有水土不服之說。

筆者繼大師在香港勘察過不少廟宇、道觀及神廟，發覺有三種地形，茲述如下：

（一）真龍結穴之位 —— 有來龍、左龍右虎護砂，前方有明堂、羅城及朝案之山。

（二）水口砂作廟 —— 本身並非真龍結穴，但位於垣局之出水口處，後方有羅星（水口砂）作靠山，前面逆收整個垣局所流出之生氣及水氣。

（三）造作之地 —— 不是真龍結穴，但得到脈氣，有龍有虎作護砂，加上用人工方法修造，例如加上「人工平托」等。

而香港大部份道觀皆多屬於真龍結穴，且向度一流，如黃大仙祠，黃大仙廟，青松觀，圓玄學院，蓬瀛仙館，信善玄宮，萬德苑，雲浮仙館，青山天德聖教總堂及大埔馬窩分堂……

寺廟則有寶蓮寺內最早期的舊觀音殿，內有很小的地藏龕，元朗觀音山下的凌雲寺，東涌羅漢寺及大澳靈隱寺，均是真龍結地。

神廟則有：佛堂門天后廟，樂富天后廟，長洲及灣仔玉虛宮（北帝廟），油麻地觀音廟、天后廟、城隍廟。

至於水口砂作廟有：大澳侯王廟，布袋澳洪聖爺廟，筲箕灣譚公廟，鯉魚門、葵芳、赤柱及西貢等地的天后廟，赤柱玉虛宮，沙田及西貢豪涌車公廟，西貢七聖古廟。

得到脈氣而非真結的廟宇有：大嶼山大澳羌山觀音寺，屏斜雲泉仙館，紅磡觀音廟，九龍塘省善真堂，志蓮淨苑，鴨脷洲及長洲等天后廟。

在香港各類廟宇之中，筆者繼大師雖然未作出正式的統計，估計佔了七至八成道觀及神廟是得到地氣及立上吉祥的向度，以天后廟，觀音廟，北帝廟，洪聖爺廟，黃大仙廟，呂祖廟居多。

在另一方面，反而以人為因素去構思興建的佛殿或廟宇，部份並非符合吉祥風水的格局，據一大學佛學教授朋友所透露，有一露天青銅大佛，安座於一孤丘頂上，四方受八風所吹，無靠山及龍虎護脈，因他們不信風水，所以沒有特別擇地便興建，當完成大佛開光典禮後不久，先後有六個大和尚涅槃去也。

這事不知是否屬實，但風水確實有其影響力量，或許人們會問，佛是至高無上的，何以禍及拜佛之人，有高人回答，佛是佛，拜的人仍然是人，沒有得証的人，在三界中，仍然受世界五行之氣所影響，若得真佛靈光，又得真龍結穴之地，再得大成就的行者，天地人三者合一，定能宏揚佛法而天下無敵。

聽聖者的一席話，真令筆者繼大師茅塞頓開，嘆為觀止也，怪不得歷代大成就修行者，他們都找靈山吉地去修行，得到地氣輔助，易得成就也。如唐代呂洞賓祖師在江西廬山仙人洞修練，元代道家王重陽祖師（王嚞 — 七真之師父）在活死人墓內吸地氣，十二年修成正果，為大羅金仙。又有舍利弗、蓮花生大士、密勒日巴、賓頭盧長眉尊者……等聖者在靈山洞川修練而成就羅漢、佛果。

地靈之氣，雖是有為法，以有為去成就無為，因此而無所不為，無所住而生其心，就是無為而為。

寫一偈曰：

地靈人傑
修行逼切
成就佛道
真理不滅

《本篇完》

（廿二）陰墳陽居開兩個水口的謬論——開水口的方法

繼大師

一位風水師兄朋友，他告訴我會在祖墳的子孫托邊位開兩個水口，筆者繼大師聽了為之驚訝，無言以對。

勘察了過百個陰墳，筆者繼大師未曾見過開兩個水口的墓穴，筆者學習風水其間，呂師也未曾教過可以開兩個水口的方法。但是，恩師教的，是用墓門與水口的關係去使煞水流走，煞出則旺氣入穴，如人吃飽食物後，排出大小二便的器官，這與出水口的道理是一樣的。

明、廖均卿《**水法口訣**》云：「**均卿公傳三陽法，只在來去三個口。看罷水口算原因，一口一字一卦名。**」

筆者繼大師解釋如下：

有一些墳穴，雖然子孫托只有一個人工水口，但墳有三個墓門，內墓門、中墓門及外墓門，各墓門使用同一個人工出水口，以人工水口管局。並非在拜台邊開三個水口，而是三個墓門共用同一個出水口，分出內陽、中陽及外陽，為「三陽水口法」，再以向法去配合三個墓門與水口的衰方位置，每一墓門配同一個水口，「一口一字一卦名」，即是「一個出水口，位於一個廿四山內的一個卦位內」。

另一種是自然的三陽水法，是穴前或屋前可以見到的內明堂、內龍虎砂外的中明堂及遠處的外明堂，此謂之「三陽」。若穴或屋前可以見到的出水口，則水出煞位，使旺氣入穴，其水口亦要配合向度，是天然生成的自然立局法，半點不由人。

至於在陽宅方面，以鄉村屋為主，大門口前方，若有方形矮牆圍著門前平地，則矮牆壁與近貼地下之間要開一洞，方位要合衰方，下雨時，水從衰位出，煞水出口則旺氣入屋。但切勿開兩個水口，開水口多過一個，則生氣易散，錢財自然容易消耗，若位置錯誤，凶煞立應。

筆者繼大師曾見過一寺廟，天井原是露天的，地下凹處是方形，開有一個水口，下雨時，水聚於方形低凹處，然後由內水口煞位流出，煞出則旺氣入。但是，現在時尚新穎，設計師竟然將寺廟內所有門口上方的天井封上厚玻璃，只見到日光，雨水無法由天井落到地面上，而從廟宇屋外牆壁流出。筆者繼大師認為這樣的設計，與沒有天井是一樣的，浪費了天井在風水上的功能，這種設計，全不合於吉祥風水原則。

在陰墳中用三個墓門管同一個水口的原理，是不適用於陽宅上的，因為陰墳是露天的，雨水直接落下，由墳中流入拜台，經子孫托邊的水口而出墳墓範圍外面。

陽宅是在室內，不見到天光之氣，除非是用四合院形式設計，通常在四合院內，用中間最後一間房作祠堂而供奉祖先，則祠堂內門可設計成兩重門口，「凹」字形，外濶內窄，在中間開門，同一中心軸線，對著天井下方凹處的出水口。

這樣作法，或者有可能造到兩層門收同一個水口的功效，不過要設計精巧才可以，要精湛於巒頭理氣的風水明師，始可為之。但無論如何，開水口以一個為主，兩個則是謬論，不知各讀者認為是否如此呢？

寫一偈曰：

三陽水法
墓門同格
一個水口
三代當發

《本篇完》

（廿三）陽居或商廈兩單位打通後吉凶變易論

繼大師

很多時聽聞朋友說，隔鄰公司租了一單位後，由於工作認真及勤奮，於兩三年間，賺了很多錢，於是擴充業務，再租隔壁單位發展，在兩單位間的牆壁開了一門，方便進出，兩單位合併後，不到半年，公司生意一落千丈，隨即倒閉結業。

友人問及原因，筆者繼大師則說，時也運也，命運弄人，半點不由人。但在風水學理中，有一物一太極之說，其原因是：

（一）原本之細單位，有其立極中心點，其門口方位位置剛好是吉位，向度亦吉，故生意愈做愈旺。

（二）在當發之時，因再租隔壁單位共用，在兩單位牆間再開一門，打通兩單位之後，其總面積的太極中心點移位，門口剛好是在衰位或煞位上，故退敗也。

陽居中，無論是住宅大廈、商業大廈或是鄉村平房屋，因為是室內，不見天光之氣，每一個單位都有其中心立極點，五黃居中，統御八方，門口位置，以中宮定位，據筆者繼大師經驗，單位由小變大，中心立極點因此而改變，只要在牆壁打開一門口，兩單位便作一單位看，因此由吉變凶。

唐、楊筠松著**《青囊奧語》**（集文書局**《地理合璧》**第一七一頁）云：**「識掌模。太極分明必有圖。」**無心道人直解云：**「極以物定物。以極分。未生物先生。極未生。極先生。物極生。物物生。極極物生生。方知物物一太極。」**

筆者繼大師解釋此段的重點如下：

「每一物，必有一太極，每一物以它的中心位置為主導，太極有陰陽在其中運行，產生吉凶的變化。」

所以每個單位必有其太極立極點，其實，以上的事情，是有解決方法的，道理很簡單，筆者繼大師茲述如下：

首先以原有單位為主，保持原貌，一切以不變為要，然後租賃隔壁單位使用，不要在兩單位間之牆壁開門，新租之單位，作為輔助運作的辨公室，各有自己的大門，這樣一來，當旺的單位，依然生旺，新單位助其擴充業務，這是最佳的解決方法。

若是住宅，依此而居，若居住者一切順利如意，再買下隔壁單位，則不可在兩壁間開門打通它，雖然會帶來不便，但為了運程暢順，可適當地安排家人入住。若決定錯誤而將兩單位打通，後果則難預料，或會引致衰敗，後果不勘設想。

寫一偈曰：

單位一太極
打通隔牆壁
物物各有理
衰敗甚難敵

《本篇完》

（廿四）皇陵祖墳與一般祖墳之墓地論

繼大師

觀中國古今歷代帝皇史，他們的發蹟，莫不與其祖墳風水有關。在五代十國中的宋武帝劉裕，其祖墳在江蘇省丹徒，曾聘請孔恭先生看風水。因為在秦朝時代，秦始皇命三千穿褐衣的囚犯，在丹徒後山掘了一條長大的峴坑，灌以水，以破壞其出帝皇之龍穴。後宋武帝（五代十國）之祖先葬於此穴，用人工修葺，為「斬關穴」，但只得二世皇朝帝運，（註：以30年為一世，二世即60年。）此穴若不遭秦始皇破壞，可蔭十世皇朝，即三百年。

在唐，楊筠松先師所撰寫之《疑龍經》最後一段有云：

「京國丹徒之後山（即候山）**。常有雲氣在其間。曲阿**（江蘇丹陽古稱曲阿）**之中有正穴。卻被劉侯斬一關。斬關之穴始於此。祇得二世生龍顏。後來子孫即凋喪。蓋為正穴尋真難。孔恭以為不鑿壞。可以十世王無慚。我今覆此舊墳壟。乃知垣局多回環。」**

此段經文在清、乾隆皇所欽定《四庫全書》〈子部七〉，其中之《疑龍經》內皆沒有此段之記載，或許此段犯了清代朝廷之禁忌吧！

以明、清的開國皇帝祖墳為例，朱元璋是明朝之開朝皇帝，傳說中其父親祖墳墓地是在下葬途中經過的地方，突遇傾盆大雨而就地安葬。

清朝女真族皇帝努爾哈赤，其祖墳傳說在中國東北長白山山脈下所結的大地，因而蔭佑帝皇後代。當每一個皇朝興起的新王者，其遠祖或近祖，必得到大地護蔭，其大地祖墳墓地的建造，都是平凡無奇，但都是真龍結穴的大地。

馬泰青地師於1866年著《三元地理辨惑》榮光園有限公司出版社第七十八問（第64頁）有云：**「問：古今帝王無數。焉得如許天子地以葬之。**

答：葬天子者。非天子地也。如世胄創業之家。其起初必是一大富貴之地。可自白衣（沒有功名的讀書人）**而致卿相。以後有一平穩之地。即可保其一代富貴。帝王之地亦然。必其頭一代帝王之祖。若父葬於正幹正穴。真帝王地。生得帝王。開基建國。以後。但得龍真穴的之地。合元合運。自然四海昇平。萬方底定矣。⋯⋯」**

此兩句**「若父葬於正幹正穴。真帝王地。生得帝王。開基建國。」**道出大龍穴的真諦。凡出帝王大地，必是來龍長遠，能達千里，為大幹之龍穴，有大福份之人，始可能將自己祖先葬下。

「葬天子者。非天子地也。」這句是真實義也。已經貴為皇帝，定是祖先葬於出皇帝之龍穴，而皇帝本身所葬處，就不是出皇帝之地。

所謂：**「千里來龍，只結一穴。」**地之大小尊貴，首重來龍之長短，山長水遠的來龍所盡結之穴，必定是大會明堂，前面水神交聚，山環水抱，朝案重重。蔣大鴻地師在**《蔣氏家傳地理真書》**內**《奉授歸厚錄上－玉帝表文》**有云：**「若是帝王禁地，地師不能隨便輕洩。」**是天機秘密，足以影響後代歷史。

但是，一旦當上皇帝，就開始被表面的東西所影響，建造皇帝陵墓，往往花費浩大，選擇地方，就像建立皇宮一樣，如北京明十三陵、清東陵和清西陵一樣，地方就大如一個市邑，更建立地下宮殿，安葬皇陵，殊不知地下深處，有水流經過，可能犯上水煞及濕氣重，縱使向度極佳，福力已大打折扣，唯有依靠發第一代皇帝祖墳福蔭之力量，不過，古代宮廷權力鬥爭嚴重，互相殺戮，你死我活，極度恐怖也。

當一個皇廟開始沒落的時候，他會相信庸師而拒絕明師的意見，即是「無運行」，例如在北宋－英宗趙曙（1064 - 1067）時代，國師為吳景鑾先生，皇帝相信庸師的意見，將其父皇（北宋－仁宗趙禎 1023 - 1063）葬在牛頭山。

吳國師力諫阻止他，並上奏**《辨牛頭山陵表》**表文（見**《珍藏古本堪輿秘笈奇書》**士林出版社出版，內第 1257 - 1258 頁。）說出牛頭山獻納圖形，並謂：

其龍脈偏枯，並非主脈，山崗撩亂而不高，四週八煞，惡水流入鬼鄉（東北方為鬼方）**，白虎崢嶸而青龍低陷，有箭風吹，及劍水之煞，暗射交衝，有賊山照臨凶位，有惡水流入刑方，玉堂缺陷，坤風直射**（坤為「未、坤、申」西南方）**，謂葬下後會「厄當國母」**（葬後皇后會過身）**，「未」方有水傾流，禍應至尊下殿**（禍及皇帝）**，「巳」方有煞，牛地劫衝**（牛為丑方）**，乙巳之年隨方起兵，丙午年逐處禍生，有流血事件發生，人民得瘟疫而逃亡，軍兵反叛。……**

又說，若然不信，可把自己（吳國師）囚禁獄中，以表示自己的精忠。結果惹怒了皇帝，把他囚在獄中，一代英明的國師，竟獲得如此下場，奈何！奈何！

結果英宗只做了三年皇帝，若英宗皇帝相信吳國師的話，依照他所言做好父皇的風水，則其帝位穩固而長久。但是英宗不聽勸諫，真是行衰運也。如古代聖賢云：**「一命、二運、三風水、四積陰德、五讀書」**。由皇帝個人的命運，引發至國運，兩者互相關聯密切，故英宗不信吳景鑾國師，是國運也。若是國師明知皇朝將末落，應該退休還鄉，去宏揚風水學問就是，或歸隱修煉去，不理人間事，何等自由。

明朝在北京建有十三皇陵，清朝建有清東陵及清西陵，他們都著重外表美麗堂皇，如活人之宮殿，由永樂皇帝至崇禎皇帝，平均壽命為卅九歲半，明、清都維持在二百六十至二百八十年之間，（明朝 1368 年 — 1644 年共 276 年，清朝 1644 年 — 1911 年共 267 年）是為半個大三元元運（半個大三元元運為 270 年）。

若皇陵不用宮殿般形式去建造，只著重真龍結穴，用一般有情的墳式，依穴位大小而建造，以得地氣為主，代代皇帝如是，依元運而定向，則皇朝國運興隆而長久，如周朝有八百八十多年，國都以洛陽東京為首都，名東周，又以西安為西京首都，名西周，因五百四十年為一個大三元元運，共有一個半大元運也，因為元運轉換，故有遷都的必要。

皇陵、皇宮及帝都，三者的風水同樣重要，皆以得地氣為主，但皇陵以真結大地為重，故宮殿般式的皇陵建造，並不適合。

寫一偈曰：

浩蕩皇陵大殿堂　　雕鳳刻龍極輝煌
不及真龍結穴地　　千里來龍合青囊

《本篇完》

（廿五）造風水依福緣論

繼大師

當一般人做事在不順利的時候，往往會想到要修改公司或陽居的風水，若是家族族人有凶險，甚至會想到修造祖先陰墳墓地風水。

但風水是否能夠轉化其災厄呢！這亦要靠其本身的運氣，一要遇上得真道的風水明師，二要他本人對明師的信任，三要找到陰陽二宅的風水吉地而又能夠依法做到圓滿。這全賴福主的個人福份，又是一命、二運、三風水也。

明、嘉靖44年間（公元1565年 — 乙丑年），時值中元四運，在南昌有陳會魁祖地，《風水二書形氣類則》《吉凶穴類》（進源書局，歐陽純著。第 476 — 477 頁）有關於「飛雁投湖穴」的記載：

「在南昌士名池港。其龍起自漸嶺。撒落平洋廿餘里。到頭橫開平面金水帳。帳中抽出水木蘆鞭。復起平中一突結穴。四面皆水。當前大河橫遶。取作飛雁投湖形。舊有偈云。『上坊下池港。上有箇（個）**地葫蘆樣。秀水流水甲向庚。葬著出狀元。』後果出吉所公棟。登嘉靖乙丑會元探花。後以築壩塞其流神。福力遂歇。」**

嘉靖乙丑年為一五六五年，剛踏入中元四運。而這飛雁投湖穴，正前方為撫河水，穴之左右為高田，金星眠體（平面圖形）為穴之父母星，墳碑坐庚向甲兼卯酉，福主誤信庸師所言，謂前朝撫河河水太蕩而氣不聚，故命人築一堤壩橫欄穴前，堤壩兩端連接高田，堤壩一造下，後代子孫官位立刻不保。

福主見形勢不妙，即重新聘點此穴地之曾姓老地師，曾謂福主福力不夠，須重做功德，後福主建造撫河大橋作迴向功德，以四五個月時間，把堤壩移除，後其子孫恢復官位。

觀此段事情的記載，是為福主福緣不夠，雖然風水穴地已得，但當福份將消盡時，自然遇到庸師，把吉祥風水破壞，這是一個警告，幸好他及時請回點此穴之曾姓老地師，去做功德及補救，總算命不該絕。

應該是先有命運，後有風水，比喻一個人的命運是六十歲行運，但卅歲失運，他去找地師做風水，轉了好運，其實，有三種原因，筆者繼大師解釋如下：

（一）被造風水的人，他原本命運卅歲不佳，六十歲行好運，因他找地師做風水轉了運，到他六十歲時便行衰運，他一生命運並沒有改變，只是兩運對調吧。

（二）有可能被造風水的人命運卅歲不佳，由於風水師助他改運，他一部份的業力轉移到風水師身上，卅歲運程半吉半凶，待他到六十歲時，他命運平常，部份轉移，部份對調及保留。

（三）若福主在卅歲時對調了六十歲的好運，但之後他努力做善事，做有大功德，日積月累，到他六十歲時，亦可逢凶化吉，或更有好運可行。

故此遇到明師或庸師，是自己本身的福份問題，若是福份欠缺，宜多做善功，身體力行，再求改做風水，這樣較為圓滿一些。

寫一偈曰：

積善功德
福份始得
一遇明師
福添不失

《本篇完》

（廿六）「從書本上學習風水的風水師」論

繼大師

任何一種學術或手藝，均由學習中而得，老師傳授學問技術，學生用心聽取，加上實習吸取經驗，知識自然得到。

風水這門學問，不同於其他學術，非單靠看書便能明白，風水之學，首重形勢，即是「巒頭功夫」，地之形勢，不能從書本上認知，必須由明師親自到山上現場親授，傳心傳眼，沒得師授，看山是山，我是我，摸不著頭腦。

筆者繼大師在未學風水之時，與鍾師兄二人駕電單車去看山，結果都是胡瞎亂猜，不知其所以，直至二人同入呂師之門，始知風水之玄妙，非三言兩語可道述。

未學風水時，家中一大堆風水書，古文文字，根本看不懂，結果全送了給朋友，直至學了風水三、四年後，始由師父認定之真風水書去閱讀，而引証自己所學。從這個經驗中，發覺一定要有明師去傳授，始能學好風水學問，甚至有明師亦未必能學得精通，當到達一定程度時，始能將風水書看得明白。

眼見坊間有一種人，很想學風水，但又從不拜別人為師，到處結識「風水友」，從中「收料」，又到處搜集風水書，本本去讀，又做筆記，然後隨著自己的偏愛去接受被認為是正確的風水知識，再結集成書而自行出版，又將古書說來說去，出書一大堆，自己成了一代風水宗師，不懂之人，以為他是明師，於是爭相追隨，結果以盲導盲，入了風水歧途而不自知，直到有一天，學生請師父做祖墳風水，造後凶事連連而家運中落，始知自己信錯了人，後悔已晚，其實在不久以前，香港已發生過這類風水師徒糾紛的事件，古今皆同。

一般初學風水的人，並沒有能力確認誰真誰假，只求名氣大，便是明師，以致跟隨他學習，但明師從來不說出他的師父是誰，不知道此大師的風水學問來自於書本，這只有隨個人之緣份吧！

明末清初有蔣大鴻地師，因風水造詣深厚，被人冒其名盜撰風水偽書而蒙騙眾生錢財。蔣師在**《地理辨正疏》**武陵版第18至19頁內**《辨偽文》**云：

「近聞三吳兩浙都有自稱得僕（指蔣師）**真傳。以自衒鬻者。亦有譔偽書。指僕之秘本。以瞽**（音蠱）**惑後學者。天地之大。何所不容。但恐偽託之人。心術鮮正。**

以不正之術。謀人身家。必誤人之身家。以不正之書。傳之後世。必貽禍於後世。僕不忍不辨。惟有識者察之。」

他又在《**平砂玉尺辨偽**》—〈**辨偽總論**〉（武陵版第272頁）云：

「堪輿家延之上座。操人身家禍福之柄而不讓。拜人酒食金帛之賜而無慚。是以當世江湖之客寶。此書為衣食之利器（書—指《平砂玉尺經》）……**暮挾南車以行術者矣。豈知其足以禍世如是之酷哉。…」**

從以上所說，得知古時亦有不學無術而自稱之風水師，從書本上學了，便撰寫偽書，以著書之個人名氣，去騙取眾生的錢財及飲食，眾人難以辨認而致受騙。

故此，學習風水，不能單從書本上學得，必須得明師傳授，故此「錯不在術，錯在人心。」騙人錢財，必然下世要加倍償還，因緣果報，絲毫不爽。

佛家有一偈：

佛家一粒米　大似須彌山

倘若無功德　披毛帶角還

《本篇完》

（廿七）時師以風水為職業論

繼大師

無論古今，行行皆出狀元，亦樹大有枯枝，在風水界中，亦復如是，只要你本人懂得看相、擇日、批八字、看氣色、占卜，就可以成為一個算命專家，通常能夠算出有七成準確的，已經是一名高手了。若其人有真功夫，又想出名，那麼他多必成功，名利漸來。

話雖如此說，知人命運，必先知己命，知彼知己，百戰百勝，問題是，一個有真功夫的知命達人，通常不會與世俗人爭名奪利，如一位藝術家，他就不懂得做生意；一位大商家，雖然欣賞藝術，但不懂藝術一樣。

觀現今社會，懂得看相、批八字、看氣色、擇日、占卜的人不少，若不是騙人，以此為職業，可助人轉厄為吉，是善業，尤如西方的心理學家一樣，有助社會公益。

反觀現今社會，一些懂得看相、批八字的相士，或出通勝之擇日師，他們各有專長，本來以此專業為生是好的，依靠打廣告、上電視作宣傳個人名氣亦無可厚非，但擇日、算命不同於風水，在各類術數之中，以風水為最難最深，要得明師傳授心印，經歷二三十年始有小成，非謂自己是占卜師、相師、擇日師、算命師就自稱是風水師。

不懂風水而自稱是風水師沒有什麼不是，就算學了皮毛的風水而替客人做陽宅風水亦不算什麼，但不懂風水而替陰人造葬，那就大有問題了，陽人不懂風水做得不好，最多認為不靈驗吧！但把陰人葬在不好的風水地上，亡者會找風水師算帳，附於地師身上，日久之下，地師氣色黑暗，面上無光，日積月累，或會患上重病絕症，命不長久也，台灣話「卡陰」。

雖然做陰宅風水可以賺很多錢，但用自己生命去博取金錢，到時更多錢財也沒命享用，更會連累自己家人或後代福祉，豈不哀哉！

又或者風水師做得陰墳過多，功夫又平平無奇，錯對各半，偶而錯點陰墳而令落葬者的後人死亡，則自負因果。給人重修若立得好的碑向時，又要背負人家業障，自己不修功德，又貪戀財色，一旦福份享盡，便很快離世。於甲午年丁卯月尾，就有一職業風水師冒著大雨，在高要市長樂墓園與客人祖先下葬時而遭山泥活埋，又有一姓鍾的台灣老風水師就因此而雙目失明。

筆者在此呼籲，不懂陰宅風水造葬的人，切勿胡亂下葬，錢是要賺，但要取之有道，一旦惡果成熟，後悔莫及矣。

明末清初之蔣大鴻地師在《**平砂玉尺辨偽 ─ 辨偽總論**》武陵版第272頁云：

「堪輿家延之上座。操人身家禍福之柄而不讓。拜人酒食金帛之賜而無慚。……暮挾南車以行術者矣。豈知其足以禍世如是之酷哉。…」

風水師受人庚金，替人做福，不是兒戲，若有真功夫，能給人福份，自己將福份給人，或收取豐厚金錢，是福份的對調，亦是理所當然的事，風水師本身也要具德及福慧，行道濟世是菩薩行，但亦不可與不善之人做風水，免遭天遣。

相士、批八字、看氣色、擇日、占卜等只是算命師、擇日師、占卜師，但並非是風水師，外行人不懂，以為這些五術全科是包括風水。又因打廣告的作用，給人們一個錯覺觀念，結果所托非人，又有人因錯信此等相士，憤而放火燒他的辦公室，真是怨氣難消，貪字得個貧，可憐又可悲。

真是：

因果自負　　誰能替代

上天落地　　任君選取

《本篇完》

（廿八）學習風水要得師承論

繼大師

觀現今風水界，有部份自稱職業風水師的人，並沒有說出師自何人，通常說是祖傳，其真實性就不得而知了。風水不同於其他五術，以山川形勢為主，稱之為「巒頭」，山形地勢，必須要由師父帶領到山上親自講解，授者與學者，必須心心相印，經過一段頗長時間，始能把握尋龍點穴要訣。

有些人說，我只看陽宅風水而不看陰宅祖墳的，籍此而遮蓋自己對陰宅風水上的無知。更有些人，東學學，西學學，滲入各師的風水知識，而並沒有一套固定原則的方法，只有東試西試，給人家做風水作實驗，日後就作為自己的風水吉凶立論藍本。

又有一些人，自己學到一半，認為師父已無東西可教，或者認為師父功夫未如自己的理想，自己又以此為職業，於是乎半做半學，日積月累，自成一派，當然所學的是半桶水風水學問。他更認為只要去覆度古人明師所做墳墓，便可從中學到更高層次的風水學問，但他不明白，沒有得真訣的人傳授，是不會知道真相的。

有些地師，曾經隨師多人，後又發覺有某位師父是明師，於是乎跟隨明師學習，但因為曾隨師多人，舊而錯誤的風水知識放不下，不能全部接受明師之正確風水理念，自恃自己有一些風水知識，形成一種障礙，無法提升自己的風水學問。這類人又對明師說是「帶藝入門」，這樣他又以何師為根本傳承師父呢！

當未完全了解明師的風水造詣時，應該以謙卑態度去學習，切不可傲高我慢，否則得不到明師的心要口訣。

又有些人，從不肯拜師學藝，各門派都涉獵，到處去學，種種風水書都看，自己東試西試，結果又自成一派。更有些人，專門從書本上學風水，到處去偷師，然後大作文章，用自己從書本上得來的風水學識，加以發揮，寫書出書，或註解書籍出版，結果自成一派。

清、馬泰青地師著**《三元地理辨惑》〈第五十四問〉**，（榮光園有限公司出版第四十三至四十四頁）云：

「彼朱旭輪乃無錫人。與章仲山同里。又先後俱是道光年間人。且是訣。非傳不會。雖蔣公（明末清初之蔣大鴻地師）**尚稱其師為無極子。彼二人著書。不言其師為誰氏。**

已屬忘本之人。廣陵人曾向余言。章仲山遊維揚。巨族爭延之。徒手得謝萬餘金。不曾與人葬得好墳。…」

馬泰青地師說出道光年間出名之朱、章地師，他們並未說出其師承何人，及功夫未及水準等事，其實，每個年代都有此類人，因名利之關係也。

更有一些人已得遇明師，但本身不是法器，遇明師而不知寶貴，學習懶散，如入寶山空手而回，有緣無份，錯失良機，這一切，都全賴個人的因緣命運。

又或者得遇明師，自己又不是風水的正法器（風水好材料），又以重金收買真口訣，但明師不會因此而答應，筆者繼大師恩師 呂克明先生，就是安貧樂道這類人，不為五斗米而折腰。

馬泰青地師在**《三元地理辨惑》〈第八十五問〉**（榮光園有限公司出版第七十二頁）云：

「蔣公得秘傳。申明其效驗。其訣雖易。得之最難。必待其人而後語之。否則奉之千金，弗顧也。於寶惜秘訣之中。亦隱喻人以勸誡之意。使人人以孝悌忠信自勉。則斯訣亦可盡人而語之矣。…」

明師傳法，不重金錢，以重人之情義孝悌誠信為要。

無論如何，各家各派都涉獵，無一宗旨，或不珍惜學習，缺乏誠信，或不肯拜師，或從書本上學，或到處偷師，心術不正，或紙上談兵，總之，缺乏得真道風水明師的傳承，是很難學到真正的風水。

故此，學習風水必須要得師承。

偈曰：

山川地靈
須得師承
點取吉穴
後代昌榮

《本篇完》

（廿九）風水生基論

繼大師

古代風水學問高深的人，如唐朝之楊筠松祖師，他精通風水，於是乎點出結穴之地，把自己的毛髮、指甲及穿過的衣物，象徵自己身體靈氣之物，葬於吉穴上，立上生旺碑向，以助自己運程，此謂之「造生基」。

造生基之首要條件，就一定要懂得尋龍點穴，自己的毛髮、指甲及舊衣物，依道法修持加被衣物，使更具靈氣，擇好吉日，如同埋金下葬一樣。

究竟造生基是否有效呢！古人以吉穴之地氣，生旺自己身體靈氣所留下的象徵物，無形之中，得到地氣福蔭，以此來改變自己的命運。

話雖如此說，但其過程中，筆者繼大師認為必須具備下列各種條件：

（一）經手點穴之風水師是否真的懂得尋龍點穴。

（二）若真懂得點穴，被造生基之人，命中是否有足夠福份承受，若無，則地師要削福去補他人之運。

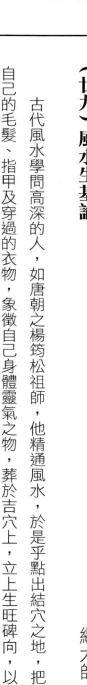

（三）若被造生基之人，晚年行好運，現時是青年人，正行著衰運，造了生基，若地師不作替代，則他本人的晚運，與現在行的衰運對調。

若他不把握現時所轉換回來的吉運，努力行善，佈施積德，待好運一過，晚運更加淒慘可憐。

（四）現今社會，土地缺乏，國家之用地有規劃，法例規定，不能隨意點地造葬，這樣必須符合造生基的全部條件，始可為之。

須知個人命運是前生定下，又是：**『一命、二運、三風水、四積陰德、五讀書。』**明代袁了凡先生，著有《了凡四訓》，內容述說他一生命運，少時多病，被孔姓算命師用鐵板神數算命，謂讀書考試第二，命中無子，壽元六十七歲，前半生全算中。

他後來遇到高僧，教他行善積德之法，由於他努力行善之故，竟然把自己原有命運改變，有兩子，七十多歲著《了凡四訓》，勸導了很多人向善，此書歷代均翻印送贈，影響佛教修善之法門深遠。

無論如何，造生基之說，是符合古人風水學之功能，但只是在祖先沒有辦法葬得好風水地之情況下，而勉強為之，是沒有辦法下的權宜之計，但仍是可行的；若是祖先得到吉地，再能造得生基，則是錦上添花，無往而不利。

偈曰：

大善積德
命運易變
權宜之計
生基可得

《本篇完》

（卅）村落入口以圍門化煞論 — 立門樓口訣

繼大師

某日筆者繼大師在網上看到一則關於修造陽居風水的消息，新界有一處圍村，由於附近開建公路，村民稱會破壞他們的風水，於是請了一位風水師去勘察，風水師建議在村莊入口處建設一門樓，以圍門門樓將前面煞氣化掉。

以外行人看來，好像是很有道理，但若是一位深入瞭解風水的人，就未必認同。首先我們分析一下，每一間村屋由屋之大門為入口，若是村屋前方範圍有平地，平地三面有圍欄圍着，其中一邊有門口通往屋外，這些村屋外邊的門，稱為「圍門」。

若是一條村莊，其範圍內有眾多村屋，村莊外圍有一個總入口，無論駕車或步行，出入村莊範圍以外的地方，同樣會有一個總門口，門口的形式，或是以牌坊形態出現，這稱之為「牌樓」。牌樓頂部可加寫牌匾，上書村莊名字，就如同江西三僚村門外牌樓上書「風水第一村」，及流坑村上書「天下第一村」，這些牌樓的位置與向度，有着衰旺的方位及線度，前收正朝山峰，生旺整條村莊。

牌樓的位置與向度，足以影響全村的吉凶，若是村莊外圍有山峰被開礦而引致破壞，牌樓的位置應該要避開它，更不能朝向它，山峰被破壞，山巒則帶煞，若牌樓正收破爛的山峰，則必然損人丁。

筆者繼大師曾見在樟木頭鎮一處大型低密度村莊，中央地方建有一會所，後方建有數棟非常大的豪宅平房屋，論起格局，後有靠山，左右有脈守護，前方有明堂，不遠處有朝山，大門口正朝一山峰，格局周全。但非常可惜，朝山被開礦所破壞，半個山頭被揼去，後來會所大樓被一間地產公司租賃，用作寫字樓辦公室。

大門正收破爛山峰，其結果是，地產公司造了一單樓宇買賣，簽買賣合約之前一天，他們到房產廳查契約，證實是該賣家的，於是買家付了一部份錢，但當翌日簽合約時，居然發覺房屋的擁有者不是原來的賣家，房屋已經被人賣了一次，這是賣第二次，被人欺騙了，不但生意做不成，還惹來官非麻煩，這就是地產公司寫字樓大門正收破爛山峰的結果。

曾經有一位朋友，其家鄉在廣東省珠海市金灣區三灶鎮定家灣村，三面環山，中間前方為出入口，為三閉一空所結的鄉村垣局，由於村長貪圖利益，於是瞞著村民偷偷地賣了一邊山頭給人家開採石礦，開採後不久，村內死了多名村民，有些發生意外，有些病死，後來自己也不得善終。三面環山的村莊，本來生氣十分凝聚，但為了些少錢而損害村民生命，真是不值得，更何況村莊大門牌樓正收前面煞峰呢！這樣一定會損丁的。

其實化煞的原理很簡單，有煞氣的地方就要避開，不是用門路收取煞氣，這是錯誤的風水觀念，筆者繼大師認為在鄉村附近加建公路，應該找個好位置，築建門樓，收取峰巒，立取佳向，收峰則出貴，若是收兩峰中間之凹位，則大旺人丁，因凹峰催丁之故，這就是陽宅收山出煞的秘訣。

在惠州博羅羅浮山上有一黃龍古觀，建在高山上面的平地上，相傳是漢代南粵王劉鋹（鋹音─廠）的宮殿，後來成為道教廟宇黃龍觀，其白虎方數百米附近入口地方，有一門樓建在行車入口路上，門樓前側是入口收費站，而在山腳平地車路入口處，亦建有一個非常闊大而且美觀裝潢的牌樓，兩個門樓相隔非常遙遠，但都全符合吉祥風水的造作，促使他成為一個羅浮山熱門的旅遊景點。

村莊的門樓，依此原理，要對準吉峰，納得吉向，定生旺人丁，吉峰催貴，坳峰催丁，據筆者繼大師經驗若門樓前方山巒高聳，是為逆水局，必然大部份村民都會發富，這就是「立門樓的口訣」。

《本篇完》

（卅一）間星之謬——開門口訣

繼大師

所謂「間星」者即房間的數目也，一間大宅裏，有很多房間分間出來，中國古代三合院形式的庭園組合，後方正中間那間房子，一般都用於供奉祖先之用，為祠堂的設計。由最初的一戶人家，以致後來開枝散葉，子孫愈來愈多，於是把三合院內多出來的空間間房。

一般來說，以後方正中間那間房間祠堂為中心，主人家住祠堂之兩旁，前左面青龍方為大房居住，前右面白虎方為三房所居，二房則居前中，每間房間前面必有露天的四方形小平地，頭頂露天的四方形空間，四邊是由屋簷所組成，地下中央凹下去，有水口開在凹位前方，下雨時，雨水落至凹位，水出煞位水口，則旺氣入屋，這是中國古代源用之風水設計，亦有「五鬼運財」的九星水法。

有一派風水的說法，是把房間的總數目分出雙單之數，以此定出吉凶。在**《陽宅撮要外二種》**（新文豐出版公司印行－0179冊－第23頁）**《間數》**有云：

「間數－黃時鳴云。每棟間數宜單不宜雙。三五七間為吉。書云。三間吉。四間凶。五間定有一間空。七間定有兩間空。試之果驗。」

此段說明房間的數目，以單數為吉，雙數為凶，一、三、七、九單數為「陽數」，故說：「三間吉。」二、四、六、八、十為雙數屬於「陰數」，故說：「四間凶。」又說：「七間定有兩間空。」

又如北京紫禁城皇帝宮殿的房間數目總數為999間，是取其九數，九數為陽數之極，意喻長長久久。筆者繼大師認為「房間數目」定吉凶之說不可信，只不過取吉祥的意頭吧！陽宅風水中有立極法，有「一物一太極」之說，我們只要定出大陽宅的中心點，與房間的立極點相合，以房間的中央，求出開門的吉祥位置，縱使向凶，可引煞氣入吉方則可，若方向吉，則更為佳。

在**《相地指迷》〈卷之二〉**（武陵出版社出版，第76冊，內第55頁）蔣大鴻著**《天元歌四章》〈論陽宅篇〉**云：

「宅龍論地水龍裁。尤重三元八卦排。只取三元生旺炁。引他入室是胞胎。」

這「引他入室」之說法，正是「引生旺之氣入吉方」也，配合三元八卦卦運之衰旺，取其旺運卦氣則吉。而房間的門數，以一門為主，二門則不吉，因為門口多則容易洩氣。

《論陽宅篇》又云：

「一門乘旺兩門囚。少有嘉祥不可留。兩門吉慶一門休。大事歡欣小事愁。須用門門多吉位。全家福祿永無憂。三門先把正門量。後門房門一樣裝。」

此段說明房間或是屋門，以一門乘旺為佳，包括大門之方位及方向，乘生旺之氣則吉。據筆者繼大師的理解，屋宅大門多，則氣易混雜不清，家中喜事或煩惱之事一齊出現，必須每個門口都能配合吉位，則全家福祿永無憂。若有三個門口，則先把正門量度，收得吉向，山水配合得宜，則大吉。若是安裝後門及房門，亦同一道理。

《論陽宅篇》再云：

「別有旁門并側戶。一通外炁即分張。設若便門無好位。一門獨出此為強。」

此段說出，若陽宅除了大門外，出現旁門通往隔離鄰居，一出現門口通道，屋內之氣分支到屋外，筆者繼大師認為旁門亦要當旺，若是便門無好位置，那麼一個當旺的門口就足夠了。

這些都是屬於大陽宅風水安裝門口的根本理論，而立極法若正確，則「間星」之說，可以不需理會，而所有中國的道觀，大部份都用這種方法開門立極，並且得到良好的效應。

《本篇完》

（卅二）鬼靈經之謬

繼大師

中國風水古籍中，有很多不同的派別，一般來說，都是以巒頭大局為主，方向為用，是為巒頭理氣一同斷事，這是風水根本之道。陰陽二宅的風水，其向度有推斷元運的作用，山川形勢，有吉凶禍福的啟示，風水師知道這些秘密，就可以推算出未來所發生的事情。

在《秘本通玄鬼靈經》（翔大圖書公司印行）〈上卷〉〈陰宅入墳斷〉內，有描述關於風水師以祖墳上所遇到的事情，去推算祖墳後代的吉凶。其中在第18頁有云，筆者繼大師意譯如下：

「有一位福主，邀請一風水師看他祖先的墳墓，因路途遙遠，故乘小舟前往，忽然見小舟的櫓（註）斷掉，同行之人不知所措，於是主人命船夫用竹篙（註）去撐船。上岸之時，一張用蘆葦所織成的蓆跌入水中，一上岸便看見有兩隻兔子從穴中出來，望西而去。

於是風水師即推斷曰：行舟斷櫓，此墳葬後，家中長房有災。蘆葦跌入水，主婦人生產，驚恐不免。兔子在穴前走西南而去，主家中小口有災厄。後詢問主人，果然有此事。」

（繼大師註：櫓 ─ 撥水使船前進的工具，置於船邊，其槳長，用於搖動船邊的水，使船前進。篙 ─ 用竹竿或杉木等製成的撐船工具：竹篙。）

筆者繼大師認為，用這樣的方法去推斷祖墳後人的吉凶風水，這並非真正的風水學問，而是《梅花心易》推算未來的占卜方法。

《陰宅入墳斷》接着又說：「看見一墳及親臨穴地。遠望有一塔。相去半里。而塔尖直對穴前。因斷曰。此墳葬後。主傷人及小口。並有火燭之咎。」

用風水學問去推斷祖墳子孫未來所發生的事情，筆者繼大師可以如此演繹：墳前有塔尖對穴直沖，這是形勢上的沖尅，為「形煞」，以塔尖的遠、近、大、小，而定它的嚴重性。形煞有沖射，必然對身體有所損傷，出現在穴前中間，主尅應後代二房，或尅應在風水羅盤廿四山中的方位干支年命生人，如祖墳「坐子向午」，則尅應「午」年支生的後人，包括小孩。

若是斷其火燭，必然是「火燒天門」的格局，「午」地支方為南方，屬火，若然收得煞向，墳墓朝南方「午」位，行到煞向時運，則有火災之應，如澳門大三巴牌坊，前身為天主教堂，坐子向午，曾於甲午年大火，是為「火燒天門」格，「午」方為煞，尅應於「午」年。

在另外一個角度來看，亦可能出現有吉慶的尅應，如果墳前有文筆貴峰，穴上正收，得到當元時運，貴峰位於南方「午」位，則可蔭生在「午」年出生的大文豪、文學家、畫家或文人雅士等。南方「午」位，名為南極仙翁之地，亦可蔭生長壽之人。所有的尅應均有吉有凶，凡事兩面看，不能一概而論。

《秘本通玄鬼靈經》（翔大圖書公司印行，第22-23頁）**〈上卷〉〈陰宅入墳斷〉**內的**〈發富論〉**有云：

「凡臨山。或登平陽之地。將第一步上地。再將五行、方向、時、合高低平穩推之，即斷其貧富。再無不準。或第一步至平坦之所。見吉祥之物。朝生旺之方。則家業必隆。左為長房富。右為次房發。

見五色花街道。雖富定艱於子息。見單鳥單鴉飛。主出殘疾孤寡之人。腳踏枯木。富盡窮來。家有疾病之人。並外來之者。同手攀技。富而且貴。左枝發長房。右枝發次房。攀枯枝損丁耗財。長次照前參斷。餘皆倣此。」

以上〈陰宅入墳斷〉內的《發富論》初段所說，「將五行、方向、時、合高低平穩推之。即斷其貧富。」其實這是用風水巒頭理氣的功夫去勘察祖墳。穴位的「方向」，是定吉凶的基本原則。「時」就是元運，「高、低、平穩」可以指風水巒頭的形勢。「五行」指金、木、水、火、土，包括山峰的五行形象，收得旺向吉峰，後代必出富貴的人。

穴前方朝山高聳，穴上必收逆水，收得逆局，必定發富，若穴位高結，前朝低於穴地，生氣必由穴方往前走，水走則主貧窮，一般斷穴後人的房份，如無特別原因，以左邊應一、四、七房，右邊應三、六、九房，中間應二、五、八房，與上段所說「右為次房」的說法有所出入。

後段又說：

（一）墳前見有五色花的街道，後人雖富，但後代子孫艱難。

（二）墳前見有單鳥、單鴉飛過，主出殘疾孤寡之人。

（三）風水師在墳前腳踏枯木，後代子孫會富貴盡，貧窮來，及家有疾病之人。

（四）墳前見有外來之人，用手攀墳墓側旁之樹技，主應後人富而貴。手攀左枝發長房，手攀右枝發次房，手攀枯枝損丁耗財。

這些斷應，根本就不是風水學，豈有那麼簡單，這與真龍結穴無干涉，如此斷事，如同「靠估」，這些說法，只是偶然應機而斷，觸機是有的，但並非是常規，有些亂來的樣子。但在觸機占算方面，宋有卲雍（卲康節）著《梅花心易》，由接觸的事物去推斷未來所發生的事。

傳說卲康節有一天進入梅花園賞花時，看見有兩隻麻雀在枝頭上爭吵，未幾兩雀忽然爭枝墜地，卲子看到此種景象，便運用其心易之數推算，測算原則是不動不占，有事才占。他見兩雀無故爭枝墜地，因而覺得將會有事發生，故佔算之。即斷曰：

「明日當會有一鄰居女子來攀折梅花，園丁見此而驅逐之，鄰女在驚恐之下，由梅樹上跌下，傷了大腿。事後果然應驗。」因此《梅花易數》由此而得名。

筆者繼大師將卲康節先生《梅花心易》內的故事，與《鬼靈經》〈陰宅入墳斷〉所說的內容比較，意思大致相同，故占卜事物，不同於勘察祖墳風水，這是兩種不同的學問，不可混淆，故《鬼靈經》是占卜學問大於陰宅風水學問，用於勘察風水就不適合了。

所以學習風水者必須依照傳統的風水巒頭功夫下手，再配合理氣為用。由於理氣派別眾多，使人有無所適從的感覺，以筆者繼大師的個人經驗認為，在理氣之中，以三元元空大卦較為細緻準確，但由於個人的看法不同，亦未必所有人都能接受，所以一切都講求緣份，依個人的因緣而學習，各師各法，得真道與否，冥冥中自有安排。

《本篇完》

（卅三） 風水與福祿論

繼大師

信風水的人，大部份都認為找到好風水地，就會富貴，古云：「一命二運三風水。四積陰騭五讀書。」古人認為人生的命運最重要，「命」是個人先天與生俱來的，「運」是個人一生所遇到的一切人、事、物等，在佛家以因果來說，一切都是因緣假合，種瓜得瓜，種豆得豆的現象。

以下一則關於風水地的真人真事，筆者繼大師述說如下：

有一處陽宅風水地理，有來龍、龍虎二砂、朝山、案山、明堂齊全，整個陽宅是村屋，雖然範圍不大，但亦建有十多棟三層村屋，全部建在有地氣的地脈上，它的遠祖山是大帽山，高957米，來龍的青龍方伸出一脈，回抱穴場，過了中間位置，是穴之案山，格局為「青龍捲案」，案內有明堂，後靠平土主峰，左倒右水，白虎為高聳的下關砂，此種陽宅風水地局，實在少見。

首先，由於有高人指點，先有兩戶人家買了遷入，住後生意賺錢，社會地位提高，事事順利，消息很快傳開去，於是又有五戶人家買了遷入，原先遷入的其中一戶，主人與一內陸姓李的老闆相熟，因此介紹李生購買整棟三層樓的村屋，作為申請香港投資移民簽證的投資項目。

基於樓價不斷攀升，原來的屋主賣家，見市場需求強勁，故加價至千五萬港元，頭尾加了五百萬，由於村屋的按揭貸款申請額很低，村屋按揭貸款不多，需要很多現金作首期，所以買家李生把投資在香港的股票全部賣掉，當時以最佳價錢賣出，竟賺了五佰萬元，當他一賣掉股票後，該股票價格立刻下跌，股票以當時的最高價賣出，這多出的五佰萬元首期，剛好填補屋主所增加的新價錢。

舊屋主在買入此棟三層樓村屋之前，其發跡亦是住在這裏的另一個二樓單位內，因為住屋得到地靈之氣所助，故以約七百萬元買入此棟三層樓村屋，今次成功賣出此棟三層樓村屋，且多賺了五佰萬元，心裡非常高興。

舊屋主得到首期的金額後，心也雄了，並想繼續賺錢，當簽完最後賣買合約後，於是將所有賺來的錢，連屋價的本錢，一同投資股票，兜兜轉轉，竟然蝕了五百萬元，非常巧合，剛好與新屋主所賺的股票價錢是一樣。

筆者繼大師認為：

屋建在有脈氣的地上，必有它存在的福份，既然此屋的福份，其量度是相等的話，那麼舊屋主與新屋主所擁有這間屋的福份，都同屬這屋子。

當舊屋主賣去此屋之前，此屋的福份還是舊屋主所擁有，但簽了買賣合約後，這屋的福份已經轉移給新屋主，雖然舊屋主已經多賺了五百萬，但屋本身的福份沒有增加，也沒有減少，所以當賣買交易完成後，屋子的地氣並不屬於舊屋主，便要歸還多賺了的五百萬，另一個原因，或許是舊屋主本身的福份是那麼多的，貪了一時之樓價升幅，最終都要賠償，命中受不了。

風水屋子的福元，點滴無差，配合個人命運，就是居住者的吉凶結果，所以有福依然在，凡事不可勉強，一齊聽其自然就好了。

《本篇完》

（卅四） 論楊公倒杖法

繼大師

世傳楊筠松先師著《疑龍經》內有〈倒杖十二法〉，是龍穴修造裁剪方法，有「順杖、逆杖、縮杖、離杖、沒杖、穿杖、鬭杖、截杖、對杖、綴杖、犯杖、插杖（此處有闕文）」。（應該還有「開杖」）

其中之「截杖法」，就是在元朗鄧氏二世祖宋、貢元鄧粵冠先生所葬之「金鐘伏火」古墳，四世祖鄧符協風水祖師把穴前火形尖咀餘脈截去（用截杖法），後人將十二倒杖法納入風水教學的課程上。

又〈開杖法〉是來脈落下，脈中間有微微凹坑，把一條脈分出左右而並連，似連體蛇一樣，在元朗牛潭尾後方之白虎山內有一蝙蝠地，左右兩邊有龍虎護脈，中間落脈有微微凹痕，至山腳生出一小平托，前有朝山，平托與前方朝山之間，是一塊大凹窩之地，窩地底部是平由及魚塘。

此穴坐北朝南，堂局為東西長，南北短，由於來脈中間有微微凹坑，故在脈之左右邊結有雙穴，中間避開界水，為蝙蝠之雙眼，這種作法，就是用〈開杖法〉。

〈離杖法〉是來脈急速而陡斜，脈氣至一平地上而聚止，但由於脈速，故葬棺者只能用棺木之上半部份插入來脈之中，以避開來脈急沖之煞，這就是鄧氏四世祖鄧符協風水祖師自卜之「仙人大座」一穴，用的就是〈離杖法〉，又稱〈吐葬法〉。

其實風水首重地理形勢，配合方向方位，大則可使一個國家興旺，人材輩出，小則一族人興旺，後代顯貴繁衍。

筆者繼大師認為，〈倒杖法〉根本是沒有定法的，是龍穴有缺陷，地師用自己的真功夫，去定出其最佳的位置，用堆土、植樹及人工修葺，或是加建，補充穴位不足之處，使穴位全部符合吉祥風水的概念。

修葺之法，多用于不是真龍結穴之地，或是有少許瑕疵的穴地，用人工修改，使穴可以邀福。在風水理念中，以「得水為上。藏風次之。」為主。雖然穴地不真，但收得逆水，可以得財，用人工修剪一下，就更加完美了。

穴位要用巒頭形勢審核，再配合六十四卦卦理用法，缺一不可，筆者繼大師曾見一些寫風水網站文章的作者，介紹楊公的《十二倒杖法》，提到風水符合形勢，理氣無大作用。

有些人又說風水分「巒頭派」及「理氣派」，其實巒頭就是山形地勢，理氣就是方向及方位，後來學習風水不夠水準的人，可算是外行人，不懂其要，強說分出兩派，根本兩者就是一體的，不可分割。

只習巒頭的人，不知道卦理之妙，人云亦云，雖然《雪心賦》〈卷二〉有云：

「若有曲流之水。定有曲轉之山。何用九星八卦。」

這指巒頭功夫去到盡處，其功夫了得，穴位自然合于卦理。

又有些學風水的人，專門針對方位、方向等理氣之法，強調避開三煞、五黃、歲破、都天土煞……等方位及方向，這是無可厚非的，但為了專門追求元空大卦，不顧巒頭形勢，更不看地脈，不顧凹風吹穴，一味貪求穴前堂局之美，其實，時空之煞、方向及方位之煞、巒頭之煞，各種各樣的形煞、時煞都要懂得避開及能夠操控。

清、張心言地師在註解**《地理辨正疏》**（武陵出版有限公司風水系列 112）**〈卷末〉**—**〈叢說〉**第 365 頁**〈形理總論〉**云：

「不知巒頭者。不可與言理氣。不知理氣者。不可與言巒頭。精於巒頭者。其盡頭工夫理氣自合。精於理氣者。其盡頭工夫巒頭自見。……」

此段言明巒頭理氣不能分開而論，兩者之盡頭工夫自見相合，必須能得明師真傳，始能領會。

其實《倒杖十二法》，其內容全屬于風水中的穴法範圍，不外乎在造葬時如何去接得來龍脈氣、避開脈煞、避開坳風（凹風）吹穴等風水實用裁剪功夫，懂得所有造葬風水的技巧，自然能夠給人家賜福。風水是時間、空間、形勢、方向、方位等綜合性的學問，缺一不可。不知讀者以為然否？

《本篇完》

（卅五）風水替代業力論

繼大師

一般初學風水者，大部份都以為懂得風水，能夠尋龍點穴，自己就可以發富發貴，但事實並非這樣。首先要能夠得到明師傳授風水真道，筆者繼大師解釋其條件如下：

（一）能夠跟隨一位得真道的風水明師學習，其機會是很輕微的，這全靠緣份。楊公著**《都天寶照》**云：**「筠松寶照真秘訣。父子雖親不肯說。若人得遇是前緣。天下橫行陸地仙。」**

（二）就算得遇風水明師，學者是否信受奉行，又是否聽從師父的教導，更能否珍惜師父所傳的風水秘法，又能否做到敬師及重法。

（三）個人的智慧力、努力鑽研、長遠心、恆久心、尊敬心等，都要具備。時間和金錢要具足，更要有很多風水寶地作為實習考察的個案，若然生長在歐美國家，就很難有名穴可以考察，最後就是明師能否傾囊盡授。

（四）蔣大鴻地師在**《辨偽文》**（武陵版《地理辨正疏》第17至19頁）云：

「生平學地理之志已畢。自此不復措意。夫豈不欲傳之其人。然天律有禁。不得妄傳。苟非忠信廉潔之人。未許與聞一二也。」

可見風水之天機，只能給大善之人得到，蔣氏說是「天律」，亦強調「不得妄傳非人。心術不正者不傳」之說。

若以上各種條件均具備，學習風水就能接近成功，假若有人得到風水真道，亦要視乎個人取向，是否以風水作為職業，若是職業風水師，當客人要求你給他的祖墳點穴造葬時，如果你是一個負責任的風水師，你應該如何處理？這裡有很多學問在，若是學藝未精而只靠風水糊口的地師，那麼就沒所謂了。

常有人說，風水師應先發自己，何以發人不發自己呢？豈不是矛盾嗎！試想想，風水師依靠造風水賺錢為生，以每一次計算收費，這當然可以收取客人很多錢，但客人是否會願意給予呢！而客人多以做生意為主，收入來源不同，做生意有大有小，若是生意順利，利潤往往較為豐厚。以因果律來說，福份是非常重要的，風水師的福份從何而來？若地師欺詐騙財，這又是另一回事，不可同論。

風水明師給客人做風水，就是將自己福份給予他人，日久福份享盡，就很容易逝世，若沒有能力的風水師，做不好風水，這就沒有能力賜予福份給人，故風水師即使技術高超，給人做風水就要衡量一下，要控制風水帶來給客人福份的大小，福份不要做得那麼大，故楊筠松風水祖師稱之為楊救貧，你只給人家救貧，令人脫貧，不是給人大富大貴，這樣就可以保命。

曾經有一位姓湯的朋友，其祖父解放前在大陸是職業風水師，一位客人請他點穴造葬祖墳，因為生活窮困，明知要給人福份，卻迫不得已的給人造地，結果完成造葬後，便壯年早逝，這就是福份的對調。

另外在油麻磡道有鄧氏宗祠，據祠堂管理人員透露給筆者繼大師說，在廿世紀中葉，因鄧族興建鄧氏宗祠，與政府換地，聘請一位年約56歲葉姓地師擇地，這位葉師傅揚言因為是福份之替代，自己在點地後三年會逝世，結果如他所料，他死後，其家人連殮葬費也沒有，後由鄧氏族人出錢辦他的喪事。

筆者繼大師恩師 呂師父說，當年呂師給文氏家族之蛇穴重修祖墳，重修完畢後，呂師得大病而吐血。另外，呂師給新界文氏家族點穴造葬「倒地壺蘆穴」，在造葬其間，呂師的父親突然逝世，所以 呂師常說：「給人造葬風水，是將自己福份給予別人。」

於1995年乙亥年冬天，筆者繼大師隨 呂師的老朋友東叔到梅縣大埔壩村考察風水，及協助重修劉氏祖墳。在此之前，呂師於1993年癸酉年曾經在此處給劉氏重修山頂之騎龍穴祖墳，並在附近地方發現了一處很大的穴地，此穴位剛好在李光耀祖墳上方，同一來龍、祖山、來脈、朝山、案山，及同一條在前方環抱的順弓水。

呂師雖然點得此處大地，但他只在對面用望遠鏡瞭望，並沒有到現場察看，當時東叔亦同行，因此東叔知道穴位在那裡，如今東叔趁着此次機會，他竟然憑着幹勁，沿着落脈逆爬而上，將到達之際，突然他覺得有無形的力量阻止他前進，他理直氣壯地喝了幾聲，一番掙扎後，結果到了一處平地上，終於到達結穴位置。

當時祭主劉先生、地匠黃波先生與筆者繼大師隨後而來，發現此處的確是一穴大地，但在此塊平地上，全部種滿了野生的幼枝竹樹，前面堂局開陽，來龍、左右龍虎砂脈、朝案之砂，全部具足，與李光耀祖墳大致相同，其穴位尚吉，未曾造葬，同行師兄慈悲，為他們點穴，由地匠用木削尖木頭，打在的穴位置上，以作記號。

未幾，當離開時，師兄一不小心，皮褸被樹枝勾破一小洞，當東叔回到福主劉先生家裡面大解時，因為鄉下地方的矛廁落後，銀包跌落糞坑，非常狼狽，俗語話「拿屎上身」也。

（繼大師註：東叔生於 1929 年己巳年，終於 2015 年乙未年尾，享年八十六歲。）

福主劉生翌日連忙到村公所，用了三佰元人民幣，申請了辦理吉穴地點造葬的手續，完全沒有付出任何金錢利是，這塊大地就垂手可得，真的佔盡了東叔的便宜！後來東叔在回到香港後，他自己在魚塘所飼養的魚，突然無故全部死亡，損失金額約六七十萬港元，真的是「賠了夫人又折兵」，他與人點穴把自己的福份給了別人，是無意之間所付出替代的代價。

雖然風水明師給人做葬風水，賜福給人們是損自己福，但他們往往有機會點得吉穴給自己祖先使用，以增加自己的福份，因而得到祖先吉穴地氣之庇蔭，除非他們不懂得點穴，否則，機會還是有的。

真正的風水明師，（不守規矩道德的風水時師則例外。）雖然現世生活並非富貴，但在因果律來算，他們因長期佈施福份給他人，積修得未來世的福份，以致能夠上昇天界，佛法中說，只要修「五戒十善」就可昇天，但一般人看的是現實世界，並不接受這一套理論。

相反，學藝未精或心術不正的風水師，若給他人點穴造葬，並引致他人後代子孫有傷亡，除了自己做業之外，另一個原因，就是福主福份將享盡，正行衰敗時運，借用時師之手，使其破敗，這一切都是個人命運作主導。

但無論如何，給人家造葬風水，除了將福份給予他人之外，或多或少都要付上替代的代價，這才符合因果律。

《本篇完》

（卅六）網上參學風水論

繼大師

在網上 YouTube 頻道中，有很多風水短片可以免費觀看，一般人以為單看這些教授風水的短片，就可以學到好多風水穴地，其中不乏有非常出名的穴地介紹，例如洪秀全祖墳，葬在廣東花都芙蓉嶂下，子山午向兼壬丙，用航拍攝影全個地貌，內容非常詳細清楚。

風水短片源源不絕，套套新鮮，以一個普通學風水的人，及與一位風水明師，兩者對於這些介紹風水墓穴短片的看法，驟然不同。若初學的人，跟隨他的講解去學習，必然會產生混亂，不意之間，學習就會出現問題，容易偏離正軌。教授風水的人，以大陸風水師居多，其次是香港的，不過有些是有一定程度，水準也不錯。

一般懂得風水的人，大部份從研究以往已經發蹟的事例，來定出穴位尅應力的大小，若未有一定風水程度的人，見其堂局優美，砂水有情，使他的判斷都向好的方面看，當然是先知道穴地的尅應結果，之後去勘察，一定判斷其砂水堂局是好的。大凡一穴地，或大或小，一定有其瑕疵。

筆者繼大師觀察 YouTube 頻道中的風水短片，發覺有大部份都不是真龍結穴，但葬在非真結之穴地上，也能令葬者後人有一定的發達程度，並且後代子孫滿堂，筆者繼大師解釋其原因如下：

（一）前朝堂局濶大深遠，朝山高聳而有多重，而一層比一層高，近低遠高，為迎風接氣格局，羅城遠闊而羅列，四週環抱。

（二）有水流迂迴曲折以來，屈曲而去，環抱有情，穴收得逆水，故發財也。

（三）大部份穴地，左右兩邊層層砂脈，前朝亦如是，左砂主一、四、七房，前砂主二、五、八房，右砂主三、六、九房，古時中國人多早婚，大多數是農村生活，勞動人口需要很多，故生養孩子亦多，故人丁旺盛。

以上這些尅應，都是屬於吉祥的，但世上沒有那麼完美的穴地，還有一些不好的尅應，外界未必能知道。例如人丁短壽，或富貴而肢體有殘缺，或有能力及才華而流浪海外漂泊，或文章蓋世而沒有功名，又或一大發之後而大敗，這種種可能性，均有可能出現。

有一些名門望族的祠堂，歷代出了很多名人，對國家很有貢獻，祠堂大部份都符合吉祥風水的格局，與上述陰墳的整體形勢上差不多。這些陰墳、祠堂或陽居祖屋等，大部份都是前朝風景秀麗，雖然有些是真龍結穴，但仍有瑕疵。筆者繼大師述之如下：

如李光耀在梅縣的祖屋，名：「中翰第」，亥山巳向兼壬丙，近前有水塘，有案山，但其後靠山丘星頂靠不正，而後面白虎方有乾流的坑沖脇。很明顯，李氏的發跡，是來自他在梅縣大埔壩的真龍結穴遠祖山墳，而並非發自其祖屋。

又如洪秀全祖墳，在廣東花都芙蓉鎮，以九腦芙蓉幛作第二層靠山，後靠圓金星丘，坐子向午兼壬丙，現時洪氏祖墳已在水庫底下，在未建水庫之前，前面正朝水口，左右兩邊龍虎雙鬥，整個地勢高出很多，前方龍虎砂之下，底下約有70米深，全是平田，現時已建有建築物，雖是真龍結穴，但只能發得一時，龍虎雙鬥，下屬不和，前方水走，一發便敗，這些都是地運人運，是天生自然的，一切都是命運！

又有一穴，名：「通天蠟燭」，寅山申向兼甲庚，在廣東台山，屬於黃氏的祖墳，穴位葬得很高，因為發了，所以出名，因為地點葬得很高，前方只是砂美，多重前朝山巒，但並非真龍結穴，是高結龍神之處，為易發易敗，此種穴地雖發，然而壽元不長，後靠星峰不高之故也。

綜合所論，大部份網上風水短片，小部份是真地，大部份並非真結，其龍穴位置，總是用人工修剪，並且欠缺後靠星峰，或是落脈不正，後靠低陷，這是通常犯的錯誤，若是能夠點穴，一定要學會看父母星辰。

這就是：**「上等先生看星斗。」**的點穴功夫了。

《本篇完》

(卌七) 以祭主日元或八字喜忌擇日相主之謬

繼大師

無論古今，同在《正五行擇日造命法》之扶山相主上，都有不同的派別，在用法上存在不同的見解。由於擇日造命法源遠流長，古今的擇日師在用法上都有自己一套。在胡暉編著《選擇求真》（玄學出版社印行 — 第8頁）〈卷一〉云：

「劉青田（劉伯温）**用後天選擇。其法專用化命。在天干衰者。幫之助之。使與坐山相合。更得祿馬貴人。會成格局。無不大利。」**

這說法都是以日課的的干支五行及祿馬貴人，去生助祭主，但這裡並沒有說明如何相主，古人有三種擇日相主的方式，筆者繼大師述之如下：

（一）用祭主的生辰八字之生尅喜忌為主，擇日生助之。如祭主八字喜木、火，則以木、火為要，擇日取木、火干支生旺他。

（二）以祭主的生辰八字之日元干支為主，如生日為「丙午」火干支，則擇日以「木」干支去生旺他，又以「火」干支助旺，為同旺局。

（三）用祭主的生辰八字之生年干支為主，如「壬子」年生，擇日則以「金」干支去生旺他，又以「水」干支助旺他。

在**《選擇求真》**（玄學出版社印行－第44頁）**〈卷二〉〈論相生〉**云：

「輔助主人之命。從來皆論生年。不論生日。有論生日者。非古法也。」

若《正五行擇日法》用祭主生辰八字之生尅喜忌，或是使用祭主的生辰八字日元干支為主，用擇日日課生旺它，這則仍然屬於八字命理批命學的範圍，脫離不了命學，這與擇日用事顯然不同。筆者很幸運地得 呂師的擇日傳承，除用祭主的「生年干支」外，加上祭主的「命宮、胎元」，則《正五行擇日法》更趨於完善。

這並非筆者繼大師在擇日上的偏見，而是基於「古法、傳承、經驗」三種東西為根據。《八字命理批命學》與《正五行擇日法》，基本上有很多相同之處，但在用法方面，則完全不同。

清朝的欽天監擇日用事，以紫禁城坐子向午為主，生助「子」山為上，加上當朝皇帝生年的干支，兩者配合，擇日助之。在**《選擇求真》**（玄學出版社印行－第45頁）**〈卷二〉〈論相生〉**云：

「按國朝現行則例。欽天監奏請以龍造（皇帝生年干支）**係甲午年生。若歲逢甲午。是本**

命生辰也。歲逢庚子。則立沖本命。京師禁止蓋造大修。是論生年也。……又一戊午生人。於丙子年造葬。是非不停。皆沖生年也。故知生年為重。」

清朝之欽天監擇日用事亦如此，流傳至今，筆者繼大師亦相信有它道理存在，故不可不信也。

《本篇完》

（卅八）蜂腰鶴膝之謬

繼大師

約廿年多前，坊間有風水雜誌，其中一篇文章，作者說，來龍盡是「蜂腰鶴膝」，一句普通的說話，看來很有道理，但內裡暗藏矛盾。首先筆者繼大師解釋什麼是「蜂腰鶴膝」，茲述如下：

無論陰宅或是陽宅，若是真龍結穴，其來龍氣脈從遠方而來，或由大幛、山峰而落下，左右兩邊各有山脈守護，此中間之脈謂之「有氣」。

這主脈行到一處，若是要結穴，必生出一星丘，星丘後方之脈氣收窄，然後連接星丘，這裡是脈氣收放之地，它的作用，把行龍脈氣過濾，然後重新整理，把脈氣帶到星丘頂之上，丘頂分三支脈再落下，左右兩邊包抱中間之主脈，穴結主脈之下，有內明堂作止聚脈氣之用，又兜收餘氣，使凝聚穴位內。

這種形勢，就是來龍結穴的特徵，就是穴法的精華所在，筆者繼大師學習了多年，加上經驗，始能明白。

「蜂腰」就是星丘後方收窄之脈氣，當連接星丘時，其脈較肥大飽滿，形似蜜蜂的腰，故古人用「蜂腰」去描述。

「鶴膝」亦是星丘後方收窄之脈氣，與星丘連接時，其脈形較窄而長，形似白鶴的膝蓋，故用「鶴膝」去意喻。

但每一真龍結穴，只得一處脈氣收放之地，或蜂腰，或鶴膝，無可能是「蜂腰鶴膝」一同出現，筆者繼大師認為這是邏輯推理，若說「來龍盡是蜂腰鶴膝」，這可能是無心之言，但亦表明，說此話的人，不懂得尋龍點穴，而露出馬腳。若真懂風水的人，看他人的風水文章，必定知道文章的真偽，所謂：「英雄所見略同。」不知各位讀者認為如何！

《本篇完》

（卅九）平洋地有靠山之謬

繼大師

在風水學上，凡是穴位或陽居等地，一般都需要靠山作後方照星，則居住者或穴位葬者後人會有長壽的剋應，這些說法是以山崗龍為主，而在平洋地形上則完全不同。平洋地勢，以水流為行龍，亦以水流為靠，我們不能將兩者混淆。有一些學風水的人，不明此理，會容易犯錯，造成凶險。

在楊筠松先師著《都天寶照經》〈上篇〉云：

「天下軍州總住空。何曾撐著後頭龍。祇向水神朝處取。莫說後無主。立穴動靜中間求。須看龍到頭。」

蔣大鴻註解云：

「此節以下。皆發明平洋龍格與山龍無涉矣。楊公唐末人。唐之言軍州。猶今之言郡縣也。…… 凡落平洋。並不論後龍來脈。但取水神朝繞。便為真龍憩息之鄉。…… 水之所止，即是地脈所鍾。

一動一靜之間。陰陽交媾。雌雄牝牡。化育萬物之源。所謂玄竅相通 …… 識得此竅。則知平洋真龍訣法。而楊公寶照之秘旨盡矣。看龍到頭有口訣。」

筆者繼大師解釋以上經文如下：

「天下軍州」指古代之首都城市，楊筠松先師是南唐時代人，其首都在洛陽，稱為東都，是平洋地結垣局之城市。他特別指出，其城市沒有後靠山峰大嶂，首都只有洛水、伊水相夾，中間結洛陽城。凡是山脈落到平地，則不論後龍來脈，筆者繼大師認為只觀察水流就是，若有水流來朝並環繞，便有真龍脈氣凝聚其間，更看水流收放之處，便是來龍的到頭一節。

不要以為平地一片，很遠的週邊地方始有山脈，沒有群山羅城環繞，這平地就沒有生氣凝聚，皇帝建宮殿於這種地形的首都內就沒有後靠。楊公說出，只要有來脈，在水流收放之間，有水流迂回屈曲兜抱着，地氣便能凝聚，後方要靠空，這種地形就是平洋格局。

楊筠松著《都天寶照經》〈中篇〉云：

「天下軍州總住空。何須撐著後來龍。時人不識玄機訣。只道後頭少撐龍。大凡軍州住空龍。便與平洋墓宅同。州縣人家住空龍。千軍萬馬悉能容。」

楊公一再強調，若是平洋地首都城市，毋須後靠山峰，與陰宅平洋結地相同，平洋垣局，後方平地，能容千軍萬馬，其主要原因在於水流屈曲兜抱。

《中篇》又云：**「分明見者猶疑慮。龍不空時非活龍。教君看取州縣場。儘是空龍擺撥蹤。莫嫌遠來無後龍。龍若空時氣不空。兩水界龍連生窟。穴得水兮何畏風。」**

筆者繼大師認為楊公之意，是來龍後方雖空，因有水流屈曲而來，有擺動之勢，故「生氣」不空，因有兩水雙界，龍氣行走在其中，若有結穴，則穴得水神生氣，故不畏風。

《中篇》最後一句云：**「但看古來卿相地。平洋一穴勝千峰。」**

此乃平洋結穴，全靠後方一突之丘作穴星，筆者繼大師認為此「一突勝千峰」之語，是強調「平洋一突」之重要性，是比喻，並非真正勝過山崗龍朝著千過山峰也。

蔣大鴻註解云：

「天下軍州二語。言篇已經喚醒。楊公之意。猶恐後人見不真。信不篤。故反覆詠歎……又恐概說軍州大勢。尚疑人家墓宅。或有不然。故指實而言。軍州如是。墓宅亦無不如是。只勸世人揀擇空龍。切勿取實龍作撐也。」

蔣大鴻先師説明楊公只勸世人在揀擇平洋龍穴之時，後方要「空龍」，切勿取實龍作撐，後方若是「實龍」，穴地必敗，此乃陰陽之理。

蔣大鴻先師認為：**「山龍只論脈來。平洋只論氣結。空則水活而氣來融結。實則障蔽而生氣阻塞。肉眼但見漭漭平田。毫無遮掩。疑為坐下風吹氣散之地。不知水神界抱。陽氣沖和。平洋之穴無水則四面皆風。有水則八風頓息。……」**

蔣大鴻先師一再強調，平洋結地，其來龍空，則水活，而氣來融結，來龍是高丘而實，則來氣障蔽，而生氣阻塞。平洋結地的來龍方毫無遮掩，大多數人都認為穴位坐下是風吹氣散之地，而不知有水流界斷而兜抱着，這則陽氣沖和。

筆者繼大師曾經考察廣西賀州陳王祠，是山崗龍中之水龍，後方來龍就是從平地而起，生出一丘，祠堂建於丘頂之上，是賀江上的中流砥柱，左右夾耳星丘守護，前朝逆水，來龍方毫無遮掩，後面空蕩，正是此等格局。故平洋地後方沒有靠山是正常的，若平洋水龍有靠山緊貼，則大凶也，此乃平洋龍的重要口訣。

《本篇完》

（四十） 些子法之謬

繼大師

曾幾何時，坊間突然出現了一種風水秘訣名「些子法」，其說法是：

「若是合得那「些子」，則萬事安康，官運亨通，可發富貴，丁財兩旺。

若是翻了「些子」，則破財損丁，掉官失職，怪病及開刀，生起禍事。」

又說在陰陽二宅之中，若精通那「些子法」者，則能掌握陰陽二宅的吉凶禍福。又云：

「零神與正神是風水天機之秘訣。須得些子法真傳，看陰陽二宅之吉凶才會應驗。」

筆者繼大師查獲「些子法」一詞，來源自蔣大鴻先師註解楊筠松先師著**《都天寶照經》**

《中篇》的內文，原文曰：

「世人只愛周迴好。不知水亂山顛倒。時師但知講八卦。卻把陰陽分兩下。陰山只用陽水朝。陰水只用陽山照。俗夫不識天機妙。自把山龍錯顛倒。胡行亂作害世人。福未到時禍先到。」（見《地理辨正疏》武陵出版社出版第二四〇至二四一頁。）

筆者繼大師解釋此段的意思是：「四週風景美麗，並不代表好風水，山是陰，水是陽，山有收山之卦向，水有收水之卦向，卦氣不能錯亂顛倒，否則福未到時禍先到。」

蔣大鴻先師註解云：

「……大道無多。只爭那些子。故曰不離這個。人身有此一竅。地理家須要識陰陽之竅。今人只愛周迴好。而不知那些子。些子合得天機。周迴不好亦好。些子不合天機。周迴雖好皆無用矣。

陰山陽山。陰水陽水。皆現成名色。處處是死的。惟有那些子是活的。些子一變。陰不是陰。陽不是陽。陰可作陽。陽可作陰。故曰：識得五行顛倒顛。便是大羅仙。

……執定板格。陰陽反成差錯。乃真顛倒也。」

筆者繼大師解釋一下，「些子」這個名詞，由蔣大鴻先師註解此段經文而出現，以致後人提出有「些子法」。此段註解的重點是：

（一）「些子」是一個代表語，蔣氏沒有直接說明，只說要合得天機，與周迴的巒頭配合，能夠配合，不好亦好，若不能配合，「些子」不合天機，好亦不為好。

（二）蔣氏說出，陰山陽山，陰水陽水，都是一個名稱，是死的，不能變化的，惟有那「些子」是活的。蔣氏強調，些子一變，陰不是陰，陽不是陽，陰可變陽，陽可變陰。

（三）很明顯「些子」是表示會有變化的「那樣東西」，蔣氏更引用古語：「識得五行顛倒顛。便是大羅仙。」蔣氏弟子姜垚先生著《從師隨筆》，內有提及蔣氏曾經傳「倒顛法」給一位曾經被人用風水偽術騙了錢財的老者。筆者繼大師認為「些子」與「倒顛法」有關。

楊筠松先師著《都天寶照經》〈中篇〉又云：

「陽若無陰定不成。陰若無陽定不生。陽水陰山相配合。兒孫天府早登名。」

蔣大鴻先師註解云：

「此節並下節。尤為全經傾囊倒個之言。而泛泛讀過。則不覺其妙。蓋學平洋龍法穴法。收山出煞八卦干支之理。一以貫之矣。」

筆者繼大師解釋此段如下：

蔣氏一再強調，這裡是楊公傾囊相授之語，讀者切勿掉以輕心，很容易錯過真口訣，筆者繼大師認為，前賢不會把真訣公開的，這必須真得心傳口授之傳承。

「收山」是立向收峰，有「正收」及「兼收」兩種，山峰主貴，出人清秀。

「出煞」是水出煞位，則旺氣入穴，出得煞水則主財。筆者繼大師認為「干」為一、三、七、九運，「支」為二、四、六、八運，能夠配合八卦干支之理，則丁財貴壽自然來就。

蔣大鴻先師註解又云：

「孤陽不生。獨陰不育。此雖通論。而大五行秘訣。只此便了。學者須在山水配合上著眼。所謂配合。自然配合。非尋一個陽以配陰。尋一個陰以配陽也。」

筆者繼大師解釋此段如下：

蔣氏強調學者須在山水配合上著眼，要自然配合，很明顯就是陰陽二宅在立向上，要配合形勢卦理，配合山水零正，這必須得明師真傳。

蔣大鴻先師註解云：

「水即是陽。山即是陰。陰即是山。陽卻是水。故只云：陽水陰山。而不更言：陰水陽山。知此可讀《寶照經》矣。」

筆者繼大師解釋此段如下：

蔣氏雖然一再強調，水屬陽，山屬陰，陰即是山。陽卻是水，但最重要的口訣卻沒有說出來，知道的人不需多看《寶照經》，不知道的人，再讀多幾遍也不會明白的。

綜合以上所論，筆者繼大師個人認為「些子法」並非真有其法，而是變通之理，是一個推理的邏輯。蔣氏一再強調：

「些子是活的，會有變化的，些子一變，陰不是陰，陽不是陽，陰可變陽，陽可變陰。」

就算你聰明如孔子，沒有人傳授，是不會明白的，蔣氏註解的一句：

「大道無多。只爭那些子。」

就是這一句名言，經歷了三佰三十年（1690 -2020），演變成今日的「些子法」謬論，根本就沒有「些子法」。

《本篇完》

（四十一）好的時運不能再迴轉論（出書版）

繼大師

小至個人命運，大至國家國運，都有一定的時間性，所謂「時運」也，當時運行完，很少會再回來，我們若熟讀歷史，就可以知道這些都是依照「成、住、壞、空」的道理去循環不息，其實這就是中國易經裡太極的原理，「否極泰來」，能夠把握時機，在機緣成熟時作出適當的決定，成功機會就很大，但有時「人算不如天算」，意外總是不能預知，那就是命運了。

在中國歷史上每一個朝代的轉換，都有其軌跡，三國魏蜀吳時代，諸葛孔明聰明絕頂，智慧第一的軍師，輔助劉備打天下，但時運不濟，以致三國盡歸司馬懿。

在明朝由開國皇帝朱元璋開始旺盛，至第三個皇帝 — 永樂皇帝為最盛世（1368 — 1424 共 56 年）。在清朝順治皇帝於 1644 年入關，至康熙、雍正、乾隆皇帝為最盛世（1644 — 1796 共 152 年），直至現代 1980 年新中國改革開放 40 年後（2020 年），中國盛世時代再次開始來臨，平均由 270 年至 360 年間循環一次不等，生滅期平均是 270 年，最旺盛的時期由 60 年至 180 年不等，以 60 年為一個大元運，即是一個至三個大元運的時間（60 年 — 180 年）。

每一個180年為大三元元運的其中一元，即是上元一、二、三運180年，中元四、五、六運180年，下元七、八、九運180年，三個大三元元運合共540年。共有九個大三元元運，以60年為一個大元運計算，九個大元運合共540年。以20年為一個小元運計算，九個小元運，共有180年。以國家國運計算，就是以大三元元運為標準，國家領導者及大型神佛廟宇，亦是用大三元元運計算，一般人只用小三元元運計算，兩者一同推算國運，其準確性較高。

元朝由蒙古族建立（1271年至1368年），是中國歷史上首次由少數民族建立的一個大統皇朝，初期首都在內蒙多倫市，元滅宋之後，為方便統治中國，在燕京（北京）定都，北京距離多倫正南方約200公里，共傳五世十一帝。

從1206年成吉思汗所建立的蒙古政權開始，共有162年，從忽必烈定國號「元」開始，歷時共有98年。元朝的盛衰，只不過是半個小三元元運左右（90年為半個小三元元運），整個元朝的發展至滅亡，其時間不超過180年，即是大三元元運中的其中一元，（以每60年為一個大元運）由大三元下元八白運（60年）元朝開始旺盛，經過大三元下元九紫運（60年），至大三元上元一白運（60年）元朝進入滅亡。

一個大三元運有540年，以60年為一個大元運，九個大元運是540年，半個大三元元運剛好有270年。以180年為一個小三元元運，以20年為一個小元運，九個為期20年的小元運是180年。又以90年為一個上元運，90年為一個下元運，上下元共有180年，兩個小三元元運為360年。

換句話說，中國盛世時代的循環，在明朝至現代，大概在半個大三元元運（270年）及兩個小三元元運（360年）之間的時間循環一次，其朝代的時間長達約半個大三元元運（約270年），由於世界各地大門已經打開，現在世界已經趨向一體化，但這一次中國盛世時代的循環，不只在中國境內，其影響力甚至達至全世界。

明朝歿，而清朝崛起，在這個時代，出現很多反清復明的義士，但他們終告失敗，原因很簡單，就是明朝氣運行完，好的時運不能再迴轉，清朝氣運開始興盛。滿州在東北部，明朝在南部，自古以來的戰爭，都是北方勝利，太平天國洪秀全得半壁江山，1853年建都南京為天京，清朝首都在北京，後曾國藩把太平軍消滅，58年後（60年為一個大元運）公元1911年當清朝氣運行完的時候，袁世凱也只不過做了一百日皇帝。

秦始皇在公元前 247 年建立帝制，至公元 1911 年，共有 2158 年，用大三元元運計算，以 540 年為一個大三元元運的循環，四個大三元元運共有 2160 年時間，剛好就是滿此數。這帝制時代始終完結，這個就是一個最大時運的循環，沒有人能夠阻止它的運轉，所有的變化，都是依照太極的原理去運行，彼起此落，彼衰此盛，運氣一過，好的時運再也不能迴轉。

乾隆皇帝統治期由 1735 - 1796 年，後傳位給嘉慶皇帝，中國自乾隆盛世至今（1735 - 2020 年）已經有 285 年，時間超過 270 年的半個大三元元運，中國未曾再次強大過，直至現在（2020 年），中國改革開放，至今已經不再是行共產制度的國家，中國共產黨，其實已經名存實亡，中國的發展，一日千里，中國漸漸走向強大，這次的盛世大時運的運轉，就是易經中的「否極泰來」，這是中國人在這世界大時代的開始。

相對來說，美國自 1776 年立國至今，世界稱霸，1774 年是小三元下元運的開始而發跡，至 2044 年甲子年立春日開始，是大三元上元四綠運及小三元上元一白運的開始，美國立國至現在的這段時間內（1774 - 2044），其國運剛好就是約 270 年的半個大三元元運。

由2044年甲子年立春日開始，世界進入一個全新的大紀元元運時代，在這段時間內前後數十年內，世界會產生極大的變化，所有氣運必然趨於逆轉，無論任何大小國家，一般國運，如無特別原因，一般最長時間都是維持在約270年國運，除非搬遷首都，像周朝一樣，有東周西周，所以達到八百多年，一個半的大三元元運，已經差不多是最長的國運了。當然，美國不會即時衰敗，而是漸漸地走下坡，在世界上變成較沒有那麼大的影響力，這是必然的趨勢。

筆者繼大師相信，就算你現在正是一個非常強大的國家，當好的時運漸漸過去後，好的時運不能再迴轉，必須等到下一個周期性的循環，始能發揮作用，這個就是元空時運的運轉，一切均依照「成、住、壞、空」及易經上太極運轉的原理而生滅，所以一個「有運行」的國家，是不怕別的國家來陷害及侵略的。

今時今日（2019年6、7、8月），昔逢港獨亂港，多個外國勢力協助之下，很多漢奸及漢奸議員，裏應外合，使香港民不聊生。本人不喜歡談政治，但以風水術數的角度，有感而發，寫出這篇文章，以表達內心的感受。

本人可以大膽講一句說話，在今時今日的中國，今非昔比，不同往日，就算八國聯軍再次一同出現，也沒有辦法阻止一個國家的崛起！明年2020年庚子年，是中國最重要的一年，過了此年，將會漸漸脫胎換骨，中國一定會影響全世界，使全世界運作的新秩序重新開始，「希望在中國」，我們可以拭目以待。原因是：

「中國壞的時運已經過去，西方好的時運不能再迴轉。」

《本篇完》

（四十二）穴坐界水論

繼大師

一般人點穴，大部份以的穴位置向前看，砂水朝案優美，堂局廣濶為主，很少著重穴本身的位置是否有犯煞，譬如：

（一）來龍脈氣硬直而來，以致脈氣沖穴，使葬者後人傷丁，甚至有絕嗣之虞。

（二）穴位後方有坳風掃頂，或是沒有後方靠山，以筆者繼大師的經驗，這會使葬者後人有頭病，或神經衰弱，嚴重一些，會有精神病，或生白癡兒。

（三）或左右有箭風吹穴，引致棺墓內葬者骨殖呈現黑色，左方尅應大房，右方尅應三房，主傷丁，或後人有病等。

（四）穴位凹陷，下雨時有水入侵，引致穴位水浸，使葬者後人有病，甚至有頑疾。

這穴位凹陷而引致有水入侵，是為「犯水煞」，筆者繼大師認為在平洋低地的形勢最為易見。在蔣大鴻先師著**《古鏡歌》**－**〈辨坐穴燥濕訣〉**（見《蔣氏家傳歸厚錄 － 地理真書合編》第〈十卷〉蔣杜陵地理天元古鏡歌〈下卷〉翔大圖書公司印行，第 339 頁 － 340 頁。）有云：

「平洋低蓄是朝宗。也要徘徊細看龍。突落低田與水道。腐棺朽骨莫如凶。微微潤下真龍息。特下水漕氣不從。非是病腫即痼脹。還虞丁少絕無宗。縱然格局非凡合。財氣橫加到底凶。丁少財多何足美。願君不必築泥封。」

筆者繼大師認為此段〈辨坐穴燥濕訣〉強調：

平地地脈突然落至低田間，其位置低陷，左右手雖然有砂脈守護，亦有水道衝射，棺木受水煞所衝，所以稱為「腐棺」，棺木內骨殖自然出現黑色，縱然符合元運，且有屈曲有情的水流，縱然格局非凡，但穴情不合，主後人財氣雖多，但人丁卻甚少，甚至絕嗣，或是病腫、腫脹之病。所以葬地以地脈為主，「界水」之煞，不可不知。

其原文之註解曰：**「此節言平洋下穴。固貴低蓄。但四面觀看。微微低來者。是為真龍棲息之所。若四面平平。忽到坐穴之地。或數畝或幾分。突然低了數尺或尺許。非為低蓄。圓者為水塘。長者為水槽。真氣漸絕。與穴星不連。葬下腐棺朽骨。非是病腫。即虞涸脹。縱然合元合運。且屈曲有情。而穴星不合。財氣雖多。丁卻甚少。勸君不必取也。」**

這段註解「四面平平。忽到坐穴之地。或數畝或幾分。突然低了數尺或尺許。」其地勢四週必然高出，穴處即是窩地，以筆者繼大師的瞭解，無論山崗龍或是平洋龍，吉穴地點，不能窩凹，而四週地勢高出，吉穴位置一定低窪，以致下雨時會水浸骨殖，而變成黑色。

平地看水流，兩水雙交，中間必有地氣流經，加上有水流屈曲圍繞，地氣必聚其中，由於水流帶着一股生氣，水流突然屈曲，曲流之內，生氣凝聚，大水流稱為「幹水」，只是行龍之氣，必須得多條小水流插入，而小水流是斷流，名為「息道」，斷流的小水流作穴之左右護砂，穴後靠幹水主流，穴坐空朝空，這就是平洋龍吉穴的點地功夫。

《本篇完》

後記

繼大師

究竟風水是否真的可以改變命運呢！一些學風水的人，以為懂得風水學問，就可以為自己做風水或做生基而曾加福份，甚至想改變命運，大部份人的想法都如此，這是正常的。

眼見一些少見而精於風水的明師，他們一生在追求風水學問，對於名利淡薄，所以自己不富有，但卻可以用風水去助人發達，清初之蔣大鴻地師是也，此謂之「行道濟世」。佛家講，一切福份由佈施而得，不捨就不能得福，因緣果報是也。

此書**《風水謬論辨正》**是根據筆者繼大師個人經驗，及過往在考察風水時的真實見聞，歸納其原因及尅應而作出論述，亦是本人在風水上的實際經驗而得知的見解。

最後，筆者繼大師認為風水是可以解燃眉之急，但並非是根本解決厄運的方法，最重要就是讓自己的心性改變而轉善，所謂「福大量大」。

《太上感應篇》云：**「禍福無門。唯人自召。」**

在中國歷代有關風水書籍的記載中，就有數不盡關於善惡而產生風水吉凶的故事，不過現代人多數認為是迷信，但歷史不停地在重覆，眾生善忘，但善惡因果絲毫不爽，只是透過風水吉凶去示現因果吧了！

寫一結束語：

「風水難敵業力！」

繼大師寫於香港明性洞天

甲午年仲秋吉日

《全書完》

榮光園有限公司出版有：

繼大師著作目錄

正五行擇日系列

1《正五行擇日精義初階》

2《正五行擇日精義中階》

風水巒頭系列

3《龍法精義初階》

4《龍法精義高階》

正五行擇日系列

5《正五行擇日精義進階》

6《正五行擇日秘法心要》

7《紫白精義全書初階》

8《紫白精義全書高階》（附《紫白原本錄要》及八宅詳解）

9《正五行擇日精義高階》（附日課精解）

10《擇日風水問答錄》

風水巒頭系列

11《砂法精義 一》

12《砂法精義 二》

擇日風水系列

13《擇日風水尅應》

風水文章系列

14《風水謬論辨正》

風水巒頭系列

15《大都會風水秘典》

16《大陽居風水秘典》

風水古籍註解系列

17《三元地理辨惑》馬泰青著（繼大師標點校對）

18《三元地理辨惑白話真解》馬泰青著（繼大師意譯及註解）

未出版：

大地遊踪系列

19《大地墳穴風水》
20《風水秘義》
21《風水靈穴釋義》
22《香港風水穴地》
23《中國廟宇風水》
24《香港廟宇風水》
25《港澳廟宇風水》
26《廟宇風水傳奇》
27《大地風水遊踪》
28《大地風水神異》
29《大地風水傳奇》

風水古籍註解系列

30《青烏經暨風水口義釋義註譯》
31《管虢詩括暨葬書釋義註解》

32《管氏指蒙雜錄釋義註解》
33《千金賦說文圖解註解》
34《雪心賦圖文解義》（全四冊）（繼大師註解）

三元易盤卦理系列

35《地理辨正疏解》（線裝書系列）
黃石公傳　赤松子述義　楊筠松著
曾求己著　蔣大鴻註及傳　姜垚註
張心言疏　繼大師註解
36《三元地理命卦精解》（線裝書系列）
37《地理辦正精華錄》（線裝書系列）

風水明師史傳系列

38《風水祖師蔣大鴻史傳》（線裝書系列）
39《三元易盤風水地師呂克明傳》（線裝書系列）

榮光園有限公司簡介

榮光園以發揚中華五術為宗旨的文化地方，以出版五術書籍為主，首以風水學，次為占卜學，再為擇日學。

風水學以三元易卦風水為主，以楊筠松、蔣大鴻、張心言等風水明師為理氣之宗，以形勢「巒頭」為用。占卜以文王卦為主，擇日以楊筠松祖師的正五行造命擇日法為主。

為闡明中國風水學問，用中國畫的技法劃出山巒，以表達風水上之龍、穴、砂及水的結構，以國畫形式出版，亦將會出版中國經典風水古籍，加上插圖及註解去重新演繹其神韻。

日後榮光園若有新的發展構思，定當向各讀者介紹。

作者簡介

出生於香港的繼大師，年青時熱愛於宗教、五術及音樂藝術，八七至九六年間，隨呂克明先生學習三元陰陽二宅風水及正五行擇日等學問，於八九年拜師入其門下。

風水文章系列 — 風水謬論辨正

出版社 : 榮光園有限公司 Wing Kwong Yuen Limited
香港新界葵涌大連排道35-41號, 金基工業大厦12字樓D室
Flat D, 12/F, Gold King Industrial Building,
35-41 Tai Lin Pai Road, Kwai Chung, N.T., Hong Kong
電話 : (852) 6850 1109
電郵 : wingkwongyuen@gmail.com

發行 : 香港聯合書刋物流有限公司 SUP Publishing Logistics (HK) Limited
地址 : 香港新界荃灣德士古道220 ~ 248號荃灣工業中心16樓
16/F, Tsuen Wan Industrial Centre, 220-248 Texaco Road, Tsuen Wan, NT, Hong Kong
電話 : (852) 2150 2100
電郵 : info@suplogistics.com.hk

印刷 : 榮光園有限公司 Wing Kwong Yuen Limited
作者 : 繼大師
電郵 : masterskaitai@gmail.com
網誌 : kaitaimasters.blogspot.hk

978-988-79095-3-8

版次 : 2021年4月 第一次版
定價 : HK$200

ISBN 978-988-79095-3-8